Kuchen

Marianne Kaltenbach · Friedrich-Wilhelm Ehlert

Kuchen

FALKEN

INHALT

Willkommen im Kuchenparadies

Verlockendes für jeden Geschmack

Was gibt es Schöneres als einen selbstgebackenen, fein duftenden Kuchen zum Nachmittagskaffee, zum Geburtstag, zum gemütlichen Kaffeeklatsch oder einfach mal so zwischendurch? In diesem Buch finden Sie daher viele attraktive Rezepte für jeden Anlaß: trockene Kuchen, Obstkuchen, internationale Spezialitäten und kleine Kuchen für 2 Personen. Lassen Sie sich von der Vielfalt verführen!

Außerdem haben wir uns für Sie noch ein kleines Extra ausgedacht: Die „Bärenstarke Kinderparty" auf den Seiten 120 bis 125 zeigt Ihnen, wie Sie Ihre Kleinen mit einer pfiffigen Geburtstagskuchentafel überraschen können.

Nachfolgend nun aber erst einmal einige wichtige Informationen zu Backformen, Backöfen und zum Backen generell, damit Ihre Kuchen auch immer gut gelingen.

Die Backformen

Sie werden in vielen verschiedenen Formen, Größen und Materialien angeboten. Ihre persönliche Grundausstattung sollte zunächst aus einem rechteckigen Backblech, einer Kastenform, einer Gugelhupfform, einer Springform und einer flachen Obstkuchenform (mit glattem oder gewelltem Rand, alternativ dazu können Sie auch ein rundes Pizzablech, eine Pieform oder auch eine Springform nehmen) bestehen. Wenn Sie öfter backen, können Sie sich dann immer noch von jeder Form verschiedene Größen anschaffen, um beim Backen flexibler zu sein.

Zu einem großen Teil hängt der Backerfolg vom Material der Backform ab. Formen aus schwarzem Blech leiten die Hitze z. B. wesentlich besser als solche aus weißem Blech, die einen Teil der Hitze reflektieren. Nachfolgend die wichtigsten Materialien:

- Aluminiumformen leiten die Wärme gut, bräunen und backen den Kuchen sehr gleichmäßig und sind pflegeleicht. Für alle Backöfen geeignet.
- Schwarzblech- oder dunkle Stahlblechformen geben die Hitze direkt an das Backgut ab, bräunen und backen den Kuchen gleichmäßig und sind ideal für alle Backöfen. In Gas- und Elektrobacköfen sollten Sie die Temperatur bei diesen Formen um 10% niedriger einstellen als im Rezept angegeben.
- Weißblechformen reflektieren die Hitze sehr stark, bedingt durch ihre glänzenden Außenflächen. Der Kuchen bräunt an der Oberfläche schnell, in der Form jedoch recht langsam. Die Backzeit kann sich daher um bis zu 15% verlängern. Für alle Öfen geeignet.
- Beschichtete Formen haben gute Backeigenschaften und den großen Vorteil, daß der Kuchen auch aus schlecht eingefetteten Formen leicht herausgeht. Für alle Backöfen geeignet.
- Glasformen aus feuerfestem Material vertragen keine großen Temperaturschwankungen. Sie leiten die Wärme schlecht, daher verlängern sich die Backzeiten. Für alle Backöfen geeignet.
- Keramikformen leiten die Hitze indirekt; die Backzeiten werden dadurch länger. Für alle Backöfen geeignet.
- Aluminium-Einwegbackformen sollten der Umwelt zuliebe nicht benutzt werden.

Falls Sie die im Rezept angegebene Formgröße nicht haben, weichen Sie auf die nächstgrößere oder -kleinere aus. Machen Sie dann aber während des Backens öfter eine Stäbchenprobe (Seite 8), da die Garzeit etwas kürzer oder länger sein kann.

Generell sollte die Form bei sehr stark aufgehenden Teigen (z. B. bei Hefeteigen) nur bis zu zwei Dritteln gefüllt werden, damit der Teig während des Backens nicht über den Rand der Form quillt und so den Backofen verunreinigt.

Der Backofen

Moderne Elektro- und Gasbacköfen verfügen über viele hilfreiche technische Raffinessen, wie z. B. Backthermometer, Zeitschaltuhr und Abschaltautomatik sowie Teleskopauszüge oder Backwagen. Generell ist es von großem Vorteil, wenn Sie bei Ihrem Backofen Ober- und Unterhitze getrennt regulieren können und auch Heißluft zugeschaltet werden kann. Heißluftbacköfen ermöglichen übrigens ein gleichzeitiges Backen auf mehreren Ebenen, was zur Energieeinsparung beiträgt. Gas- und Heißluftbacköfen müssen Sie nur kurz vorheizen, da sie bereits in wenigen Minuten die gewünschte Backtemperatur erreicht haben.

Backzeiten und Backtemperaturen können in den Rezepten immer nur ungefähr angegeben werden, da wirklich jeder Backofen anders heizt. Es empfiehlt sich daher, die Angaben des Herdherstellers zu befolgen. Beim Einsatz von Heißluft verringern Sie bitte die in den Rezepten angegebene Backtemperatur und -zeit um 10 bis 20 %. Testen Sie Ihren Backofen aber am besten selbst aus, denn, wie gesagt, jedes Gerät arbeitet anders.

Die nachfolgende Tabelle ermöglicht Ihnen das Einstellen der richtigen Temperatur, wenn Sie einen Gasbackofen besitzen:

Temperatur	Gasbackofen mit 10 Stufen	Gasbackofen mit 8 Stufen
120 °C	Stufe 1	Stufe 1
150 °C	Stufe 2–3	Stufe 2
180 °C	Stufe 4	Stufe 3
210 °C	Stufe 5–6	Stufe 4
240 °C	Stufe 7	Stufe 5

Praktische Tips zum Backen

◆ Die richtige Temperatur der Zutaten

Bei einen Mürbeteig oder geriebenen Teig sollten alle Zutaten gut gekühlt sein, damit der Teig die gewünschte Konsistenz bekommt. Zutaten für Biskuit- und Rührmassen sowie für Strudelteig müssen hingegen immer Zimmertemperatur haben.

◆ Den Teig ausrollen

Beim Ausrollen sollte die Arbeitsfläche gut mit Mehl bestäubt sein, damit der Teig nicht festhängt. Stark klebende Teige rollt man am besten zwischen zwei Lagen Frischhaltefolie aus.

◆ Das Ausfetten der Backform

Wenn die Form laut Rezept ausgefettet werden muß, sollten Sie dies sehr sorgfältig machen, damit sich der Kuchen später leicht löst. Zusätzlich können Sie die Form auch noch mit Semmelbröseln, Zucker oder Mehl ausstreuen.

◆ Arbeiten mit Backtrennpapier

Wem das Ausfetten zu mühsam ist, der kann auch Backtrennpapier benutzen. Dieses eignet sich besonders gut für Rühr- und Biskuitmassen. Bei Biskuitmassen bitte nur den Boden der Springform mit dem Backtrennpapier bespannen. Dann den Springformrand ansetzen und am Boden befestigen. Der Rand wird nicht gefettet, damit die Biskuitmasse nicht daran abrutscht (der Kuchen bleibt dann flach).

◆ Welche Ofenschiene für welchen Kuchen?

Die Einschubhöhe im Ofen hängt von der Höhe der Backform ab und ebenso davon, um wieviel der Kuchen beim Backen aufgeht. Generell werden die Backformen immer auf dem Rost (also nie auf dem Blech) in den Ofen geschoben. Der Abstand des Kuchens zur Backofendecke sollte mindestens 12 cm betragen. Die Form muß dabei genau in der Mitte des Rostes bzw. des Backofens stehen.

Auf der untersten Schiene werden flache Kuchenböden sowie Kuchen und Torten in halbhohen und hohen Formen gebacken. Meist sind diese aus Hefeteig, Rühr- oder Biskuitmasse.

Auf der zweiten Schiene von unten backt man flache Torten, Blätterteiggebäck, Obstkuchen und Gebäck aus Brandmasse (z. B. Windbeutel).

Auf der mittleren Schiene werden Plätzchen, blindgebackene Torten- oder Mürbeteigböden sowie Torteletten gebacken.

Auf die oberste Schiene kommen Gebäck, das starke Oberhitze benötigt, und Kuchen mit einer Baiserhaube, die nur kurz überbacken werden soll.

◆ Wird die Kuchenoberfläche zu schnell dunkel?

Wenn dies der Fall ist, den Kuchen mit einem Stück Alufolie abdecken und fertigbacken.

◆ Die Stäbchenprobe

Mit diesem Test können Sie überprüfen, ob der Kuchen fertig gebacken ist. Stecken Sie dazu einen nicht zu dünnen Holzspieß tief in die Mitte des Gebäcks. Ist der Spieß beim Herausziehen trocken, ist der Kuchen fertig. Bleiben jedoch Teigreste daran kleben, muß der Kuchen noch einige Minuten weitergebacken werden. Falls er schon ausreichend gebräunt ist, sollten Sie ihn mit einem Stück Alufolie zudecken.

◆ Den Kuchen aus der Form nehmen

Lassen Sie den fertigen Kuchen erst einige Minuten in der Form abkühlen, bevor Sie ihn herausstürzen. In dieser Zeit verkleinert sich das Volumen des Kuchens etwas, und er gleitet dann besser aus der Form. Den Kuchen anschließend auf einem Kuchengitter abkühlen lassen. Falls Sie Backtrennpapier verwendet haben, dieses abziehen, solange der Kuchen noch warm und feucht ist.

Tips zu den Rezepten

Die Zeitangaben

Bei den Rezepten ist immer eine Arbeitszeit angegeben, die aussagt, wie lange Sie für die Zubereitung des Kuchens benötigen. Sonderzeiten, wie z. B. Ruhezeiten oder Zeiten zum Gehen des Teiges, sowie längere Garzeiten und die Backzeiten sind extra ausgewiesen und müssen zu den Arbeitszeiten hinzugerechnet werden. Bei einigen Rezepten empfiehlt es sich, während der längeren Ruhezeiten schon mit der Vorbereitung anderer Dinge für den Kuchen fortzufahren. So können Sie zeitsparend arbeiten. Die Backzeiten und Temperaturangaben beziehen sich immer auf einen Elektrobackofen mit Ober- und Unterhitze. Falls Sie mit Heißluft backen, müssen Sie die Backzeit und die Ofentemperatur um 10 bis 20% reduzieren.

Die Angaben zur Backform

Bei jedem Rezept steht dabei, in welcher Form der Kuchen gebacken werden soll. Falls Sie die empfohlene Form nicht haben sollten, können Sie auf eine etwas kleinere oder größere ausweichen.

Die Portionsangaben

Bei jedem Rezept finden Sie die Information, wie viele Einzelstücke der Kuchen ergibt. Diese Angabe kann aber nur ein Richtwert sein, denn schließlich bleibt es Ihnen überlassen, in wie viele Stücke Sie den Kuchen schneiden.

Die Kalorienangaben

Sie beziehen sich immer auf 1 Kuchenstück, wobei von der empfohlenen Stückzahl (siehe „Portionsangaben" oben) ausgegangen wird.

Die Zutatenmengen

Diese beziehen sich bei Obst und Gemüse immer auf die ungeputzte Rohware. Bei Stückangaben (z. B. 1 Apfel) wird von 1 Stück mittlerer Größe ausgegangen. Werden Mengen in Eßlöffeln oder Teelöffeln angegeben, so sind damit gestrichene Maße gemeint.

Die Beilagentips

Hier finden Sie Vorschläge für passende Saucen und ähnliches.

Die Rezeptvariationen

Hier erhalten Sie Anregungen, wie Sie den Kuchen verfeinern oder ganz anders zubereiten können.

Die praktischen Tips

Unter dieser Rubrik finden Sie Informationen zur Küchenpraxis, zu Einkauf und Lagerung sowie zur Warenkunde.

Die Abkürzungen

TL	=	Teelöffel (gestrichen)
EL	=	Eßlöffel (gestrichen)
Msp.	=	Messerspitze
g	=	Gramm (1000 g = 1 kg)
kg	=	Kilogramm
ml	=	Milliliter (1000 ml = 1 l)
l	=	Liter
kcal	=	Kilokalorien
ca.	=	circa
ø	=	Durchmesser
cm	=	Zentimeter
°C	=	Grad Celsius
TK- …	=	Tiefkühl …

APFELKUCHEN MIT MANDELGUSS

Infoblock

- Arbeitszeit: ca. 60 Minuten
- Ruhezeit: ca. 60 Minuten
- Backzeit: ca. 40 Minuten
- Für 1 Springform (24 cm ø)
- Ergibt 12 Stücke
- ca. 420 kcal je Stück

Zutaten

Für den Mürbeteig

180 g Butter
½ TL Salz
4 EL Zucker
1 Ei
2 EL Sahne
250 g Weizenmehl Type 405
etwas Butter für die Form

Für den Belag

3 Eier
3 EL Zucker
200 g ungeschälte, gemahlene Mandeln
6 Äpfel
2 EL Himbeerkonfitüre

1 Für den Teig die Butter schaumig rühren. Dann Salz, Zucker, das verquirlte Ei und die Sahne nach und nach darunterrühren.

2 Das Mehl durchsieben, portionsweise unter den Teig mischen. Diesen etwa 60 Minuten zugedeckt im Kühlschrank ruhen lassen.

3 Anschließend für den Belag die Eier zusammen mit dem Zucker zu einer sämigen Creme verrühren. Die Mandeln hinzufügen und alles glattrühren.

4 Dann 2 Äpfel waschen, die Kerngehäuse ausstechen und die Äpfel ungeschält fein reiben. Sie sofort unter die Mandelcreme mischen. Den Backofen auf 220°C vorheizen.

5 Die Springform mit Backtrennpapier auslegen. Den Teig auf der bemehlten Arbeitsfläche etwa 4 mm dick ausrollen und den Boden der Form damit auslegen. Seitlich einen etwa 3 cm hohen Rand hochziehen. Die Mandelcreme auf dem Teig verteilen.

6 Die restlichen 4 Äpfel schälen, der Länge nach halbieren und die Kerngehäuse herausschneiden. Die Apfelhälften ganz fein fächerartig einschneiden und auf die Mandelcreme legen. Den Kuchen im Ofen auf der zweiten Schiene von unten etwa 40 Minuten backen.

7 Inzwischen die Himbeerkonfitüre unter Rühren erhitzen und durch ein Sieb streichen. Die Äpfel etwa 5 Minuten vor Ende der Backzeit mit der Hälfte der Konfitüre bestreichen und den Kuchen fertig backen.

8 Den Kuchen aus dem Ofen nehmen, die restliche Konfitüre darauf streichen und den Kuchen erkalten lassen.

REZEPTVARIATIONEN

- **Noch feiner schmeckt der Kuchen, wenn Sie geschälte Mandeln nehmen.**
- **Statt der Äpfel können Sie für diesen Kuchen auch die gleiche Menge Birnen nehmen. Glasieren Sie ihn dann mit Quittengelee.**
- **Auch mit Blätterteig gemacht, schmeckt dieser Kuchen vorzüglich. Sie benötigen etwa 400 g. Wie Sie Tiefkühlblätterteig richtig verarbeiten, erfahren Sie im Rezept „Aprikosenkuchen", Seite 22, Schritt 1 und 2.**

APFELKUCHEN MIT APFELMUSFÜLLUNG

Infoblock

- Arbeitszeit: ca. 1¼ Stunden
- Ruhezeit: 1–2 Stunden
- Backzeit: ca. 30 Minuten
- Für 1 Springform (26 cm ø)
- Ergibt 16 Stücke
- ca. 190 kcal je Stück

Zutaten

Für den geriebenen Teig

260 g Weizenmehl Type 405
130 g Butter
1 Prise Salz

Für das Apfelmus

500 g mürbe Äpfel, z. B. Boskoop
2 EL Weißwein
1 TL Zitronensaft
1 Stück Schale einer unbehandelten Zitrone
¼ Zimtstange
50–100 g Zucker, je nach Säure der Äpfel
2 Eigelb
2 Eiweiß

Für den Belag

500 g feste Äpfel, z. B. Delicious
2 EL gemahlene Haselnüsse
1 TL Zimtpulver
2 EL Zucker

1 Für den Teig das Mehl auf einer Arbeitsfläche sieben. Die Butter in Flocken darauf geben und mit dem Mehl zu feinen Krümeln zerreiben. Dann eine Mulde formen.

2 Das Salz in etwa 4 Eßlöffeln Wasser auflösen, in die Mulde geben und alles rasch zu einem glatten Teig verkneten. Diesen zu einer Kugel formen, in Frischhaltefolie einwickeln und für 1 bis 2 Stunden in den Kühlschrank legen.

3 Inzwischen die Äpfel für das Apfelmus waschen, in feine Spalten schneiden und entkernen.

4 Den Weißwein zusammen mit Zitronensaft, Zitronenschale und Zimtstange aufkochen lassen. Die Äpfel dazugeben und zugedeckt 3 bis 4 Minuten kochen lassen. Sie dann unter Rühren im eigenen Saft etwa 10 Minuten schmoren, bis sie weich sind.

5 Die Äpfel durch ein Sieb streichen und nach Geschmack mit dem Zucker süßen. Das Apfelmus dann so lange unter Rühren einkochen lassen, bis es sehr dick ist.

6 Den Topf vom Feuer nehmen, die verquirlten Eigelbe unter das Apfelmus ziehen und es etwas abkühlen lassen. Die Eiweiße steifschlagen, unter das Apfelmus heben.

7 Den Backofen auf 220 °C vorheizen. Die Äpfel für den Belag schälen, vierteln, entkernen und in sehr dünne Scheiben schneiden. Die Springform mit Backtrennpapier auslegen. Den Teig hineingeben und ringsherum einen etwa 3 cm hohen, dicken Rand formen. Teigboden und -rand mit den Nüssen bestreuen.

8 Das Apfelmus auf den Boden geben und mit den Apfelscheiben belegen. Den Kuchen im Ofen auf der zweiten Schiene von unten etwa 15 Minuten backen.

9 Danach den Kuchen herausnehmen, mit dem Zimt und dem Zucker bestreuen und nochmals etwa 15 Minuten backen. Sollte er oben zu schnell dunkel werden, ihn mit Alufolie abdecken.

PRAKTISCHER TIP

Wenn Sie wenig Zeit haben, können Sie auch etwa 300 g Apfelmus aus dem Glas nehmen.

BEILAGENTIPS

Zu diesem Kuchen schmeckt Vanilleeis oder eine Vanillesauce sehr gut. Falls Sie gerade keine Vanillesauce im Haus haben, lassen Sie einfach etwas Vanilleeis bei Zimmertemperatur schmelzen, bis es dickflüssig ist.

FEINER BIRNENKUCHEN

Infoblock

- Arbeitszeit: ca. 50 Minuten
- Ruhezeit: ca. 60 Minuten
- Backzeit: ca. 30 Minuten
- Für 1 Springform (24 cm ø)
- Ergibt 12 Stücke
- ca. 300 kcal je Stück

Zutaten

Für den Mürbeteig

250 g Weizenvollkornmehl
1 Prise Salz
60 g brauner Zucker
150 g Butter
1 Ei

Für den Belag

4–6 Birnen, je nach Größe
2 EL Butter
60 g brauner Zucker
50 g Mandelblättchen
2 EL Honig oder Birnendicksaft

1 Für den Teig das Mehl auf den Tisch sieben, Salz und Zucker daruntermischen. Die Butter in kleine Stücke schneiden und mit den Händen mit dem Mehl zu Streuseln verreiben. Das Ei verschlagen in die Mitte der Streusel geben und alles zu einem glatten Teig verkneten. Diesen für etwa 60 Minuten zugedeckt kühl stellen.

2 Inzwischen die Birnen schälen, halbieren, die Kerngehäuse herausschneiden und die Birnen in feine Scheiben schneiden. Die Butter in einem Topf schmelzen lassen. Den Zucker dazugeben und bei mittlerer Hitze karamelisieren lassen.

3 Die Birnenscheiben kurz in dem Karamel wenden. (Achtung: die Birnen dürfen nicht verkochen!) Dann die Früchte etwas abkühlen lassen.

4 Den Backofen auf 200 °C vorheizen. Den Teig auf einer leicht bemehlten Arbeitsfläche ausrollen, in die mit Backtrennpapier ausgelegte Springform legen und mit einer Gabel mehrmals einstechen.

5 Den Teig mit Backtrennpapier bedecken und mit getrockneten weißen Bohnen beschweren. Den Boden im Ofen auf der mittleren Schiene etwa 15 Minuten backen.

6 Den Boden aus dem Ofen nehmen; die Bohnen und das obere Backtrennpapier entfernen. Die Birnen auf dem Boden verteilen (eventuell nicht den ganzen Saft verwenden) und mit den Mandelblättchen bestreuen.

7 Den Honig oder den Birnendicksaft in feinen Fäden über den Belag laufen lassen. Den Kuchen im Ofen auf der mittleren Schiene weitere 15 Minuten backen.

REZEPTVARIATION

Statt der Birnen können Sie auch die gleiche Menge Äpfel nehmen.

PRAKTISCHER TIP

Falls die Birnen, die Sie verwenden, noch nicht richtig reif oder aber sehr fest sind, empfiehlt es sich, sie halbiert und entkernt in etwas gezuckertem Wasser vorzukochen. Die Birnen dann gut abtropfen lassen, in feine Scheiben schneiden und, wie im Rezept beschrieben, kurz in dem Karamel wenden.

KIRSCHENBISKUIT

Infoblock

- Arbeitszeit: ca. 45 Minuten
- Backzeit: ca. 45 Minuten
- Für 1 Kastenform (25 cm lang)
- Ergibt 16 Stücke
- ca. 230 kcal je Stück

Zutaten

Für Füllung und Sauce

400 g entsteinte Sauerkirschen
80 g Zucker
100 ml Weißwein
1 dünner Streifen Schale einer unbehandelten Zitrone
½ Zimtstange
½ TL Speisestärke

Für die Biskuitmasse

3 Eier
180 g Zucker
150 g weiche Butter
150 g saure Sahne
180 g Weizenmehl Type 405
1 TL Backpulver
1 Prise Salz
1 TL abgeriebene Schale einer unbehandelten Zitrone
einige Tropfen Bittermandelaroma
etwas Butter und Mehl für die Form
etwas Puderzucker zum Bestäuben

1 Für die Füllung die Kirschen waschen und zusammen mit Zucker, Wein, Zitronenschale und Zimtstange in einem Topf aufkochen lassen. Dann zugedeckt 8 bis 10 Minuten bei milder Hitze ziehen lassen.

2 Die Kirschen in einem Sieb abtropfen lassen (Zimtstange und Zitronenschale entfernen); den Kochsaft dabei auffangen. Die Speisestärke mit 2 Eßlöffeln Wasser glattrühren, in den Kirschsaft geben und diesen aufkochen lassen, bis er ganz leicht gebunden ist. Die Kirschsauce beiseite stellen. Den Backofen auf 180 °C vorheizen.

3 Für die Teigmasse die Eier zusammen mit dem Zucker schaumig schlagen. Die weiche Butter und die saure Sahne darunterrühren.

4 Das Mehl mit dem Backpulver und dem Salz mischen, durchsieben und nach und nach unter die Masse rühren. Diese mit der Zitronenschale und dem Bittermandelaroma würzen.

5 Die Kastenform mit Butter ausfetten und mit etwas Mehl bestäuben. Die Hälfte der Masse in die Form geben. Die sehr gut abgetropften Kirschen darauf verteilen und mit der restlichen Teigmasse bedecken. Den Kuchen auf der untersten Schiene etwa 45 Minuten backen.

6 Den etwas abgekühlten Kuchen aus der Form nehmen und auf einem Kuchengitter vollständig erkalten lassen. Ihn dann mit etwas Puderzucker bestäuben. Die Kirschsauce dazu servieren.

REZEPTVARIATIONEN

- **Falls Sie keine frischen Sauerkirschen bekommen, können Sie auch Kirschen aus dem Glas nehmen. Diese nur abtropfen lassen (nicht mehr kochen) und auf den Teig legen. Den Saft aus dem Glas zusammen mit der Zimtstange und der Zitronenschale kurz köcheln lassen. Ihn dann mit Speisestärke leicht binden.**
- **Hübsch sieht es aus, wenn Sie den Kuchen mit einem Puderzuckermuster verzieren. Dafür mehrere schmale Papierstreifen in etwa 2 cm Abstand diagonal über den Kuchen legen und diesen mit Puderzucker bestäuben. Dann die Papierstreifen vorsichtig abheben, damit das Streifenmuster nicht verwischt.**

KIRSCHPLOTZER

Infoblock

- Arbeitszeit: ca. 50 Minuten
- Backzeit: 45–60 Minuten
- Für 1 Springform (28 cm ø)
- Ergibt 16 Stücke
- ca. 210 kcal je Stück

Zutaten

¼ l Milch
250 g altbackenes Schwarzbrot, z. B. Roggenschrot- oder -mischbrot
80 g Butter
100 g Zucker
4 Eigelb
½ TL Bittermandelaroma
50–70 g Roggenmischbrot
1 TL Butter zum Anrösten
60 g gemahlene Mandeln
1 kg frische, entsteinte schwarze Kirschen
4 Eiweiß
etwas Butter für die Form
etwas Semmelbrösel für die Form
etwas Puderzucker zum Bestäuben

1 Die Milch aufkochen lassen. Das Schwarzbrot in kleine Würfel schneiden, für etwa 10 Minuten in der kochenden Milch einweichen und dann durch ein Sieb passieren. Anschließend den Backofen auf 180 °C vorheizen.

2 Butter, Zucker und Eigelbe miteinander verrühren, bis die Masse etwa das doppelte Volumen hat. Das Bittermandelaroma dazugeben.

3 Das Roggenmischbrot kleinwürfeln und in etwas Butter anrösten. Durchpassiertes Brot, Brotwürfel, Mandeln und Kirschen unter die Eiermasse mischen.

4 Die Eiweiße steifschlagen und locker unter die Teigmasse ziehen. Die Springform ausfetten und mit Semmelbröseln leicht ausstreuen.

5 Die Masse in die Springform geben und glattstreichen. Den Kuchen im Ofen auf der zweiten Schiene von unten 45 bis 60 Minuten backen.

6 Den Kuchen kurz abkühlen lassen, dann aus der Form nehmen und auskühlen lassen. Ihn anschließend mit etwas Puderzucker bestäuben.

REZEPTVARIATIONEN

- Sie können den Kirschplotzer auch in mehreren kleinen Portionsförmchen backen.
- Statt der Kirschen können Sie für diesen Kuchen auch kleingeschnittene und entsteinte Zwetschgen oder Aprikosen nehmen.
- Wer Bittermandelöl nicht mag, läßt es einfach weg oder tauscht es durch ½ Teelöffel Zimtpulver aus.
- Würziger schmeckt der Kuchen, wenn Sie die gemahlenen Mandeln durch gemahlene Haselnüsse oder Walnüsse ersetzen.

PRAKTISCHER TIP

Der Kirschplotzer schmeckt nicht nur zum Nachmittagskaffee sehr gut. Sie können ihn auch lauwarm als süßes Hauptgericht servieren.

RHABARBERPIE

Infoblock

- Arbeitszeit: ca. 60 Minuten
- Ruhezeit: ca. 6 Stunden
- Backzeit: ca. 45 Minuten
- Für 1 Kuchenblech (24 cm ø)
- Ergibt 12 Stücke
- ca. 250 kcal je Stück

Zutaten

Für den Mürbeteig

210 g Mehl
1 Prise Salz
120 g Butter
1 EL brauner Zucker
1 Eigelb

Für die Füllung

1 kg Rhabarber
4 EL geriebene Haselnüsse
1 EL Zitronensaft
160 g saure Sahne
90 g Zucker
1 EL Honig
2 Eier

Außerdem

1 Eigelb zum Bestreichen

1 Das Mehl durchsieben und zusammen mit dem Salz und der in kleine Stücke geschnittenen Butter zu kleinen Krümeln zerreiben. Den Zucker daruntermischen. Das Eigelb mit 2 bis 3 Eßlöffeln Wasser verquirlen, zu den Bröseln geben und alles rasch zu einem Teig verkneten. Nach Bedarf noch weitere 1 bis 2 Eßlöffel Wasser darunterkneten.

2 Den Teig zu einer Kugel formen, in Frischhaltefolie einwickeln und mindestens 6 Stunden im Kühlschrank ruhen lassen.

3 Inzwischen für die Füllung den Rhabarber waschen, putzen, dünn schälen und in etwa 1 cm große Würfel schneiden.

4 Nach der Ruhezeit des Teiges das Kuchenblech mit Backtrennpapier belegen. Die Hälfte des Teiges auf der bemehlten Arbeitsfläche ausrollen und auf das Blech legen. Einen 3 bis 4 cm hohen Rand hochziehen. Den Teig mit einer Gabel mehrmals einstechen und mit den Haselnüssen bestreuen. Den Rhabarber darauf geben, mit Zitronensaft beträufeln.

5 Die saure Sahne mit dem Zucker, dem Honig und den Eiern, verrühren, über den Rhabarber gießen. Den Ofen auf 200 °C vorheizen.

6 Von der restlichen Teigmenge etwas abnehmen und für die Verzierung beiseite legen. Aus dem verbliebenen Teig einen Deckel ausrollen, der etwa 1 cm größer ist als das Blech. Mit einem kleinen Ausstecher 4 Kreise aus dem Deckel ausstechen. Durch diese Löcher kann später der Dampf der Füllung entweichen. Den Teigdeckel über die Rhabarberfüllung legen und ringsherum mit dem Teigboden fest zusammendrücken.
Die Teigränder dabei mit etwas Wasser befeuchten, damit sie besser aneinanderkleben.

7 Den beiseite gelegten Teig ausrollen und daraus kleine Motive ausstechen (z. B. Blumen, Herzen, Rosetten). Diese mit etwas Wasser befeuchten und auf den Teigdeckel kleben. Den Teig mit dem verquirlten Eigelb bestreichen.

8 Den Kuchen im Ofen auf der untersten Schiene etwa 45 Minuten backen. Falls der Teigdeckel vorzeitig braun werden sollte, ihn mit Alufolie abdecken.

BEILAGENTIP

Zu diesem Kuchen schmeckt Vanilleeis sehr gut.

PRAKTISCHE TIPS

◆ Die Pie kann sowohl kalt als auch lauwarm serviert werden. Sie eignet sich nicht nur als Kuchen zum Nachmittagskaffee und als Dessert, sondern auch als Zwischenmahlzeit.

◆ Geben Sie die Rhabarberfüllung erst unmittelbar vor dem Backen auf den Teig, damit dieser nicht zu stark aufweicht.

◆ Besonders hübsch sieht es aus, wenn Sie die Pie mit einem Blättermotiv verzieren. Dafür zeichnet man die Umrisse der Blätter nach einer Naturvorlage auf Papier, schneidet sie aus, legt sie auf den Teig und schneidet die Blätter mit einem kleinen Messer aus dem Teig aus. Die Blattrippen werden anschließend mit dem Messer in den Teig eingeritzt.

◆ Eine Pie ist eigentlich eine Schüsselpastete. In England wird die Füllung sehr oft in eine ausgefettete Auflaufform gelegt, mit dem Teigdeckel verschlossen und dann gebacken.

APRIKOSENKUCHEN

Infoblock

- **Zeit zum Auftauen: ca. 15 Minuten**
- **Arbeitszeit: ca. 45 Minuten**
- **Backzeit: 25–30 Minuten**
- **Für 1 Kuchenblech (24 x 24 cm lang)**
- **Ergibt 16 Stücke**
- **ca. 210 kcal je Stück**

Zutaten

400 g TK-Blätterteig
4 EL feingehackte Mandeln
4 EL Puderzucker
1 Eigelb
1 kg Aprikosen
6 EL Mirabellen- oder Aprikosenkonfitüre
1 EL Mirabellengeist

1 Die Blätterteigplatten einzeln auf die Arbeitsfläche legen und etwa 15 Minuten auftauen lassen. Sie dann sich leicht überlappend aneinanderlegen, auf ein Rechteck von 30 x 30 cm ausrollen und auf das mit kaltem Wasser abgespülte Blech legen. Die Teigränder jeweils 2 cm nach innen umschlagen, so daß wulstige Ränder entstehen. Den Backofen auf 220 °C vorheizen.

2 Den Teigboden auf das mit kaltem Wasser abgespülte Backblech legen und mit einer Gabel mehrmals einstechen. Ihn dann mit den gehackten Mandeln sowie mit 2 Eßlöffeln Puderzucker bestreuen. Die Teigränder mit dem verquirlten Eigelb bestreichen.

3 Die Aprikosen waschen, trockentupfen, halbieren, entsteinen und dicht aneinanderliegend auf den Teigboden legen. Mit dem restlichen Puderzucker bestreuen.

4 Den Kuchen im Ofen auf der mittleren Schiene 25 bis 30 Minuten backen. Währenddessen die Konfitüre unter Rühren erhitzen, durch ein Sieb streichen und mit dem Mirabellengeist glattrühren.

5 Den Kuchen aus dem Ofen nehmen und kurz abkühlen lassen. Die Konfitüre auf die Früchte streichen. Den Kuchen am besten lauwarm servieren.

REZEPTVARIATIONEN

- **Sie können für diesen Kuchen auch Mirabellen nehmen. Da diese sehr klein sind, können Sie sie entsteint im Ganzen auf den Kuchen legen.**
- **Saftiger wird der Kuchen, wenn Sie die Aprikosen vor dem Backen mit einem Guß aus 1 Ei und 100 g Sahne (beides miteinander verquirlt) übergießen. Achten Sie dann aber darauf, daß Sie ringsherum einen ausreichend hohen Teigrand geformt haben, damit der Guß beim Backen nicht auf das Blech läuft. Bei dieser Variation lassen Sie den Mirabellengeist und die Mirabellen- oder Aprikosenkonfitüre zum Glasieren weg.**

PRAKTISCHER TIP

Da die Aprikosen beim Backen Flüssigkeit abgeben, kann es passieren, daß der Blätterteig etwas aufweicht. Daher sollten Sie den Kuchen möglichst noch lauwarm servieren, ihn also nicht lange stehen lassen.

JOHANNISBEERSCHAUMKUCHEN

Infoblock

- **Arbeitszeit: ca. 35 Minuten**
- **Ruhezeit: ca. 2 Stunden**
- **Backzeit: ca. 25 Minuten**
- **Für 1 Springform (28 cm ø)**
- **Ergibt 16 Stücke**
- **ca. 190 kcal je Stück**

Zutaten

Für den Mürbeteig

240 g Weizenmehl Type 405
120 g Butter
1 Ei
1 Prise Salz
getrocknete weiße Bohnen zum Blindbacken

Für den Belag

5 Eiweiß
180 g Zucker
1 TL Vanillezucker
500 g Johannisbeeren, frisch oder tiefgekühlt
1 EL Puderzucker

1 Für den Teig das Mehl auf eine Arbeitsfläche sieben, in die Mitte eine Mulde drücken und die Butter in Flocken hineingeben. Das Ei, Salz sowie etwa 4 Eßlöffel Wasser dazugeben und alles zu einem glatten Teig verkneten. Diesen zu einer Kugel formen, in Frischhaltefolie einwickeln und für etwa 2 Stunden in den Kühlschrank legen.

2 Kurz vor Ende der Ruhezeit den Backofen auf 190 °C vorheizen. Die Springform mit Backtrennpapier belegen. Den Teig ausrollen, in die Form legen und ringsherum einen kleinen Rand hochziehen. Den Teig mit Backtrennpapier bedecken und die getrockneten Bohnen darauf schütten.

3 Den Boden im Ofen auf der mittleren Schiene etwa 15 Minuten vorbacken. Ihn dann herausnehmen, das Backtrennpapier mit den Bohnen entfernen und den Boden auskühlen lassen.

4 Für den Belag die Eiweiße zusammen mit dem Zucker und dem Vanillezucker zu steifem Schnee schlagen. Die frischen Johannisbeeren waschen und von den Stielen zupfen. Tiefgekühlte Beeren nicht auftauen lassen, denn sie ziehen sonst zuviel Saft.

5 Die Beeren unter den Eischnee ziehen und diesen bergartig auf den erkalteten Tortenboden geben. Den Kuchen mit dem Puderzucker bestreuen und nochmals etwa 10 Minuten auf der mittleren Schiene im heißen Ofen backen.

BEILAGENTIP

Servieren Sie den Kuchen einmal mit einer Fruchtsauce. Dafür 500 g Johannisbeeren zusammen mit 100 g Zucker kurz aufkochen lassen. Dann im Mixer oder mit dem Pürierstab pürieren und durch ein feines Sieb streichen.

REZEPTVARIATION

Diesen Kuchen können Sie auch mit Himbeeren, Heidelbeeren, Stachelbeeren (diese bitte halbieren) oder Brombeeren zubereiten.

FESTLICHER ERDBEERKUCHEN

Infoblock

- Arbeitszeit: ca. 45 Minuten
- Backzeit: ca. 35 Minuten
- Kühlzeit: ca. 60 Minuten
- Für 1 Springform (26 cm ø)
- Ergibt 16 Stücke
- ca. 280 kcal je Stück

Zutaten

Für die Biskuitmasse

90 g Butter
5 Eier
2 Eigelb
130 g Zucker
1 Prise Salz
130 g Weizenmehl Type 405
40 g Speisestärke

Für den Belag

500 g Sahne
3 EL Zucker
1 TL Vanillezucker
evtl. 1 Päckchen Sahnesteif
1 EL Kirschwasser
700 g frische Erdbeeren

1 Den Backofen auf 180 °C vorheizen. Für die Biskuitmasse die Butter bei milder Hitze schmelzen lassen. Die Eier zusammen mit den Eigelben, dem Zucker und dem Salz im heißen Wasserbad so lange schlagen, bis eine Creme entstanden ist.

2 Die Schüssel aus dem Wasserbad nehmen und die Creme kaltschlagen. Dann Mehl und Speisestärke darunterheben. Zuletzt die lauwarme Butter unter die Biskuitmasse ziehen.

3 Die Springform mit Backtrennpapier auslegen und die Biskuitmasse hineinfüllen. Den Biskuit im Ofen auf der mittleren Schiene etwa 35 Minuten backen. Ihn dann aus der Form nehmen, das Backpapier abziehen und den Boden erkalten lassen.

4 Inzwischen die Sahne zusammen mit dem Zucker und dem Vanillezucker steifschlagen. Nach Belieben das Sahnesteif dazugeben.

5 Den Biskuitboden mit dem Kirschwasser beträufeln. Die Hälfte der Sahne darauf verteilen und glattstreichen.

6 Die Erdbeeren waschen, putzen und große Früchte halbieren. Einige schöne kleine Beeren für die Garnitur zurückbehalten. Die anderen auf den Boden legen.

7 Die Beeren mit der restlichen Sahne bedecken und diese glattstreichen. Den Kuchen mit den beiseite gelegten Erdbeeren garnieren und bis zum Servieren etwa 60 Minuten kühl stellen.

REZEPTVARIATIONEN

- **Statt der Erdbeeren können Sie für diesen Kuchen auch Himbeeren, Heidelbeeren oder Brombeeren sowie auch eine Mischung aus verschiedenen Beerensorten nehmen.**
- **Wer den Kuchen nicht so üppig (kalorienreich) möchte, ersetzt die Sahne durch 400 g Speisequark (20% Fett i. Tr.) und zieht 100 g steifgeschlagene Sahne darunter.**
- **Wenn es schnell gehen soll, können Sie für diesen Kuchen auch einen fertigen Biskuitboden vom Konditor nehmen.**

TRAUBENKUCHEN MIT VANILLECREME

Infoblock

- Arbeitszeit: ca. 45 Minuten
- Backzeit: ca. 35 Minuten
- Für 1 Springform (26 cm ø)
- Ergibt 16 Stücke
- ca. 250 kcal je Stück

Zutaten

Für die Biskuitmasse

90 g Butter
5 Eier
2 Eigelb
130 g Zucker
1 Prise Salz
130 g Weizenmehl Type 405
40 g Speisestärke

Für die Vanillecreme

50 g Zucker
2 EL Vanillepuddingpulver oder Speisestärke
2 Eigelb
¼ l Milch
1 Prise Salz
Mark von ¼ Vanilleschote
1 EL Cognac oder Weinbrand

Außerdem

750 g blaue und weiße Weintrauben
3 EL Apfel- oder Quittengelee
250 g Sahne

1 Den Backofen auf 180 °C vorheizen. Für den Biskuit die Butter bei milder Hitze schmelzen lassen. Die Eier zusammen mit den Eigelben, dem Zucker und dem Salz in eine Schüssel geben und im heißen Wasserbad so lange schlagen, bis eine Creme entsteht.

2 Die Schüssel aus dem Wasserbad nehmen und die Creme kaltschlagen. Mehl und Speisestärke unter die Masse heben. Dann die lauwarme Butter darunterziehen.

3 Die Springform mit Backtrennpapier auslegen. Die Biskuitmasse hineinfüllen und im Ofen auf der zweiten Schiene von unten etwa 35 Minuten backen. Dann den Kuchen aus dem Ofen nehmen und erkalten lassen. Das Backtrennpapier abziehen.

4 Inzwischen die Vanillecreme zubereiten. Dafür etwa die Hälfte des Zuckers mit dem Puddingpulver oder der Stärke, den Eigelben und etwa 5 Eßlöffeln der Milch glattrühren. Den restlichen Zucker zusammen mit der restlichen Milch, dem Salz und dem Vanillemark aufkochen lassen. Das angerührte Puddingpulver oder die Stärke darunterrühren und alles kochen lassen, bis eine dicke Creme entstanden ist. Den Cognac oder den Weinbrand darunterrühren. Die Creme in einer Schüssel erkalten lassen.

5 Die Creme durch ein Sieb passieren und nochmals gut durchrühren. Sie dann auf den Biskuitboden geben und glattstreichen. Die Trauben waschen, trockentupfen und von den Stielen zupfen. Sie auf die Vanillecreme legen.

6 Das Apfel- oder das Quittengelee unter Rühren erwärmen und die Trauben damit überziehen. Die Glasur fest werden lassen. Dann die Sahne steifschlagen und den Kuchen damit garnieren.

REZEPTVARIATION

Wenn Ihnen die Zubereitung der Vanillecreme zum Bestreichen zu aufwendig ist, bereiten Sie einfach aus gekauftem Pulver einen gekochten Vanillepudding zu, und verfeinern Sie diesen mit 1 Eßlöffel Cognac sowie mit 2 bis 3 Eßlöffeln Crème fraîche.

PRAKTISCHER TIP

Die Vanillecreme bekommt beim Erkalten auf der Oberfläche keine Haut, wenn Sie sie mit etwas Puderzucker bestäuben.

APRIKOSENWÄHE

Infoblock

- Arbeitszeit: ca. 40 Minuten
- Ruhezeit: ca. 60 Minuten
- Backzeit: 30–35 Minuten
- Für 1 Kuchenblech (28 cm ø)
- Ergibt 16 Stücke
- ca. 170 kcal je Stück

Zutaten

Für den geriebenen Teig

200 g Weizenmehl Type 405
100 g Butter
1 Prise Salz

Für den Belag

3 EL gemahlene Mandeln oder Haselnüsse
1 kg Aprikosen

Für den Eierguß

2 Eier
¼ l Milch
4 EL Zucker
1 gestrichener EL Speisestärke

1 Für den Teig das Mehl auf eine Arbeitsfläche sieben. Die Butter in Flocken darauf geben und alles zu feinen Krümeln zerreiben. Dann eine Mulde formen.

2 Das Salz in 3 bis 4 Eßlöffeln Wasser auflösen, in die Mulde geben und alles rasch zu einem glatten Teig verkneten. Diesen zu einer Kugel formen, in Folie einwickeln und für etwa 60 Minuten kühl stellen.

3 Nach der Ruhezeit den Backofen auf 230 °C vorheizen. Das Kuchenblech mit Backtrennpapier belegen. Den Teig etwa 3 mm dick ausrollen und auf das Blech legen. Ringsherum einen hohen, dicken Teigrand formen und ihn mit einer Gabel verzieren. Den Boden mit einer Gabel mehrmals einstechen. Die gemahlenen Mandeln oder Nüsse darauf streuen.

4 Die Aprikosen waschen, halbieren, entsteinen und kranzförmig, dicht an dicht auf den Boden legen.

5 Den Kuchen im Ofen auf der zweiten Schiene von unten etwa 10 Minuten backen. Inzwischen die Zutaten für den Eierguß miteinander verquirlen. Nach den 10 Minuten Backzeit den Guß über den Kuchen geben und ihn weitere 20 bis 25 Minuten backen.

REZEPTVARIATIONEN

- Für diesen Kuchen können Sie auch anderes Obst nehmen, z. B. Zwetschgen, Pflaumen, Rhabarber, Äpfel, Birnen oder Kirschen.
- Ersetzen Sie den Eierguß einmal durch einen Quarkguß. Dafür ¼ l Milch mit 2 Eiern, 100 g Quark, 5 Eßlöffeln Zucker und 1 Teelöffel Vanillezucker verquirlen.
- Wer den Kuchen süßer mag, bestreut ihn nach dem Backen noch mit 2 Eßlöffeln Zucker.
- Sie können den Guß auch ganz weglassen. Bestreuen Sie dann den Kuchen nach den 10 Minuten Backzeit mit 2 Eßlöffeln Zucker und backen Sie ihn fertig.
- Attraktiv sieht die Wähe aus, wenn Sie die Zutatenmengen verdoppeln und den Kuchen auf einem großen Backblech backen. Dann können Sie den Boden in Segmenten mit verschiedenen Obstsorten belegen.

PRAKTISCHER TIP

Wenn Sie tiefgekühltes Obst nehmen, geben Sie dieses bitte gefroren auf den Teigboden. Dieser sollte dann aber gut mit gemahlenen Nüssen oder auch mit Semmelbröseln bestreut sein, damit er nicht durchweicht.

Aprikosenstrudel

Infoblock

- Arbeitszeit: ca. 60 Minuten
- Ruhezeit: ca. 60 Minuten
- Backzeit: ca. 45 Minuten
- Für 1 Backblech
- Ergibt ca. 16 Stücke
- ca. 250 kcal je Stück

Zutaten

Für den Strudelteig

1 Ei
1 Prise Salz
1 EL Öl
350 g Weizenmehl Type 405
etwas Mehl zum Ausrollen

Für die Füllung

1 kg Aprikosen
4 EL Zucker
½ TL Zimtpulver
1 EL Aprikosenlikör
oder 2–3 EL Zwetschgenwasser
50 g Butter
100 g gemahlene Mandeln

Außerdem

200 g Sahne
2 EL Puderzucker
1 TL Vanillezucker

1 Für den Teig ⅛ l handwarmes Wasser mit dem Ei, dem Salz und dem Öl verquirlen. Das Mehl darunterarbeiten und den Teig etwa 15 Minuten kneten, bis er nicht mehr an den Händen klebt. Ihn dann unter einer vorgewärmten Schüssel etwa 60 Minuten ruhen lassen.

2 Inzwischen die Aprikosen waschen, halbieren, entsteinen und kleinschneiden. Die Früchte mit Zucker und Zimt bestreuen und mit Aprikosenlikör oder Zwetschgenwasser beträufeln.

3 Den Backofen auf 200 °C vorheizen. Eine große Serviette auf den Tisch legen und mit Mehl bestäuben. Den Teig darauf so dünn wie möglich ausrollen. Dann mit dem Handrücken unter den Teig gehen und ihn damit auf etwa 1 mm Dicke nach allen Seiten ausziehen. Dickere Ränder wegschneiden.

4 Die Butter bei milder Hitze schmelzen lassen. Den Teig mit etwa der Hälfte der Butter bestreichen. Die Aprikosenmischung so darauf verteilen, daß etwa ⅓ der langen Teigseite leer bleibt. Die Füllung mit den Mandeln bestreuen und den Strudel mit Hilfe des Tuches zusammenrollen. Die Enden gut verschließen.

5 Den Strudel auf das mit Backtrennpapier belegte Blech legen und mit der restlichen Butter bestreichen. Den Strudel im Ofen auf der zweiten Schiene von unten etwa 45 Minuten backen. Ihn dabei von Zeit zu Zeit mit der Sahne bepinseln.

6 Den Strudel aus dem Ofen nehmen und noch lauwarm mit einer Mischung aus dem Puder- und dem Vanillezucker bestreuen. Ihn am besten lauwarm servieren.

Beilagentip

Zu frischem Strudel paßt eine Vanillesauce immer gut.

REZEPTVARIATIONEN

- Nach diesem Rezept können Sie auch einen Kirschstrudel backen.
- Den Aprikosenlikör können Sie durch braunen oder weißen Rum und die Mandeln durch gemahlene Haselnüsse ersetzen.

Aprikosen-Mandel-Kuchen

Infoblock

- Arbeitszeit: ca. 45 Minuten
- Backzeit: ca. 50 Minuten
- Für 1 Springform (24 cm ø)
- Ergibt 12 Stücke
- ca. 310 kcal je Stück

Zutaten

Für den Teig

100 g Weizenvollkornmehl
100 g Dinkelvollkornmehl
½ TL Salz
1 TL Fruchtzucker
oder Zucker
100 ml Distelöl

Für den Belag

500 g Aprikosen
3 Eier
3 EL Rohzucker
½ TL Vanillemark
1 EL Speisestärke
50 g Hirseflocken
100 g ungeschälte,
gemahlene Mandeln
200 g Sahne

1 Den Backofen auf 180 °C vorheizen. Für den Teig die beiden Mehlsorten mit Salz und Zucker mischen. Das Öl und etwa 3 Eßlöffel Wasser dazugießen und alles zu einem Teig verkneten. Falls der Teig zu trocken ist, noch etwas Wasser dazugeben.

2 Die Springform mit Backtrennpapier auslegen. Den Teig auf einer leicht bemehlten Arbeitsfläche ausrollen, in die Form legen und ringsherum einen etwa 4 cm hohen Rand hochziehen. Den Teig mit einer Gabel mehrmals einstechen, mit Backtrennpapier abdecken und mit getrockneten weißen Bohnen beschweren.

3 Den Boden im Ofen auf der mittleren Schiene etwa 10 Minuten backen. Dann aus dem Ofen nehmen, Bohnen und oberes Backpapier entfernen.

4 In der Zwischenzeit für den Belag die gewaschenen Aprikosen halbieren und entsteinen. Die Eier trennen. Die Eigelbe mit Zucker, Vanillemark, Speisestärke und Hirseflocken verrühren. Die Mandeln und die Sahne daruntermischen.

5 Den vorgebackenen Boden mit den Aprikosenhälften belegen. Die Eiweiße steifschlagen, unter die Eiercreme heben und den Guß über die Aprikosen geben. Den Kuchen nochmals etwa 40 Minuten auf der zweiten Schiene von unten backen.

Rezeptvariationen

- **Statt der Hirseflocken können Sie auch die gleiche Menge kernige Haferflocken nehmen.**
- **Statt mit der Eiercreme können Sie den Kuchen auch mit einer Baisergarnitur zubereiten. Dafür den vorgebackenen Boden mit den Aprikosen belegen, bei 180 °C etwa 30 Minuten backen und auskühlen lassen. Dann 2 Eiweiße zusammen mit 1 Prise Salz, einigen Tropfen Zitronensaft und 100 g Zucker steifschlagen. Den Eischnee in einen Spritzbeutel mit gezackter Tülle füllen und als Rosetten auf den Kuchen spritzen. Diesen auf der obersten Schiene bei 200 °C Oberhitze überbacken, bis die Rosetten hellbraun sind.**

Gedeckter Ananaskuchen

Infoblock

- Zeit zum Auftauen: ca. 15 Minuten
- Arbeitszeit: ca. 40 Minuten
- Backzeit: ca. 20 Minuten
- Für 1 Springform (24 cm ø)
- Ergibt 12 Stücke
- ca. 230 kcal je Stück

Zutaten

500 g TK-Blätterteig
etwas Butter für die Form
8 frische Ananasscheiben
¼ l Ananassaft
2 EL Speisestärke
2 EL Butter
1 EL Zitronensaft
1 Eigelb

1 Die Blätterteigplatten einzeln auf der Arbeitsfläche auslegen und etwa 15 Minuten auftauen lassen. Inzwischen die Schale und die Mittelstrünke von den Ananasscheiben wegschneiden. Die Ringe in mundgerechte Stücke schneiden.

2 Den Ananassaft mit der Speisestärke verrühren, in einen Topf geben und in etwa 10 Minuten zu Sirup einkochen lassen. Die Butter hinzufügen und alles etwa 5 Minuten weiterkochen lassen.

3 Die Springform ausfetten. Drei Viertel der Blätterteigplatten sich leicht überlappend auslegen und auf Springformgröße ausrollen. Den Teig dann in die Form legen und einen etwa 3 cm hohen Rand formen.

4 Den Backofen auf 210 °C vorheizen. Die Ananasstücke auf den Teig geben und mit dem Zitronensaft und dem Sirup beträufeln.

5 Den restlichen Teig ausrollen und in etwa 1 cm breite Streifen schneiden. Den Teigrand leicht nach innen biegen. Die Streifen gitterförmig über den Belag legen und seitlich mit dem Teigrand zusammendrücken.

6 Den Kuchenrand und das Teiggitter mit dem verquirlten Eigelb bestreichen. Den Kuchen im Ofen auf der zweiten Schiene von unten etwa 20 Minuten backen.

Rezeptvariationen

- **Wenn Sie keine frische Ananas bekommen, können Sie auch Ananasringe oder -stücke aus der Dose nehmen. Den Saft beim Abtropfen auffangen. Sie können ihn dann für den Sirup nehmen.**
- **Gut schmeckt dieser Kuchen auch mit Mangos. Dafür 2 reife Mangos schälen und das Fruchtfleisch in feinen Scheiben von den Steinen abschneiden. Dabei abtropfenden Mangosaft auffangen. Das Fruchtfleisch mit etwas Zitronensaft beträufeln, dann gut abtropfen lassen (Saft auffangen!) und auf den Blätterteigboden legen. Den aufgefangenen Mangosaft, den Saft vom Abtropfen und etwa 200 ml Orangensaft zusammen mit etwa 2 Eßlöffeln angerührter Speisestärke zu einem Sirup kochen. Diesen über die Mangoscheiben gießen und den Kuchen, wie im Rezept beschrieben (ab Schritt 5), fertigstellen.**

EXOTISCHER OBSTKUCHEN

Infoblock

- Arbeitszeit: ca. 50 Minuten
- Backzeit: 20–25 Minuten
- Für 1 Obsttortenform (26 cm ø)
- Ergibt 16 Stücke
- ca. 110 kcal je Stück

Zutaten

Für die Biskuitmasse

etwas Butter und Mehl für die Form
2 Eier
1 Eigelb
90 g Zucker
1 Prise Salz
1 Päckchen Vanillezucker
½ TL abgeriebene Schale einer unbehandelten Zitrone
100 g Weizenmehl Type 405
2–3 EL Speisestärke
1 TL Backpulver

Für den Belag

1 Mango
2 Kiwis, 2 Tamarillos
1 Karambole
3 EL Orangenmarmelade

1 Die Obsttortenform ausfetten und dünn mit Mehl ausstäuben. Den Backofen auf 180 °C vorheizen. Eier, Eigelb, 2 Eßlöffel lauwarmes Wasser, Zucker, Salz, Vanillezucker und Zitronenschale zusammen mit dem Handrührgerät gut schaumig rühren.

2 Das Mehl mit der Speisestärke und dem Backpulver mischen und durchsieben. Die Mischung mit einem Holzlöffel vorsichtig unter die Ei-Zucker-Masse mengen.

3 Die Biskuitmasse in die Kuchenform füllen und glattstreichen. Den Biskuit im Ofen auf der mittleren Schiene 20 bis 25 Minuten backen.

4 Inzwischen die Mango schälen, das Fruchtfleisch vom Stein abschneiden und in feine Spalten schneiden. Die Kiwis und die Tamarillos schälen und die Früchte in Scheiben schneiden. Die Karambole waschen und ebenfalls in Scheiben schneiden.

5 Den fertig gebackenen Boden aus dem Ofen nehmen, 3 bis 4 Minuten ruhen lassen, dann auf ein rundes Kuchengitter stürzen und auskühlen lassen.

6 Die Orangenmarmelade unter Rühren erhitzen und den Biskuitboden damit bestreichen. Dann die Früchte darauf legen.

REZEPTVARIATIONEN

- **Sie können den Biskuitboden auch mit anderen Obstsorten belegen. Attraktive Kombinationen sind**
  - **Erdbeeren, Himbeeren und Brombeeren**
  - **Bananen, Kiwis und Mangos**
  - **Kompottfrüchte, wie Pfirsiche, Aprikosen, Birnen, Stachelbeeren.**
- **Überziehen Sie das Obst mit klarem Tortenguß.**
- **Sehr gut schmeckt auch ein Beerenkuchen mit Baiserhaube. Dafür zunächst den Boden mit frischen Beeren belegen. Schlagen Sie dann 3 Eiweiße mit 120 g Zucker zu steifem Schnee, und spritzen Sie diesen als Gitter oder in Tupfen auf den Kuchen. Diesen im Ofen auf der oberen Schiene bei 220 °C backen, bis er hellbraun ist.**

PRAKTISCHER TIP

Der Boden weicht nicht so schnell durch, wenn Sie ihn vor dem Belegen mit etwas Vanillepudding bestreichen.

OBST-QUARK-KUCHEN

Infoblock

- Arbeitszeit: ca. 2 Stunden
- Backzeit: ca. 30 Minuten
- Kühlzeit: 2–3 Stunden
- Für 1 Springform (26 cm ø)
- Ergibt 16 Stücke
- ca. 250 kcal je Stück

Zutaten

Für die Biskuitmasse

100 g Zucker
1 TL abgeriebene Schale
einer unbehandelten Zitrone
5 Eigelb
50 g Weizenmehl Type 405
50 g Speisestärke
½ TL Backpulver
60 g Butter
5 Eiweiß, 1 Prise Salz
etwas Butter für die Form

Für den Belag

6 Blatt weiße Gelatine
150 ml Limettensaft
120 g Zucker
3 Eigelb, 150 ml Milch
abgeriebene Schale
von 1 unbehandelten Zitrone
350 g Sahnequark
250 g Naturjoghurt
2 kleine Mangos
1 Babyananas
etwa 20 Litschis
½ Beutel klaren Tortenguß
⅛ l Orangensaft

1 Für die Biskuitmasse Zucker, Zitronenschale und Eigelbe zusammen zu einer weißlichen Creme schlagen. Mehl, Speisestärke und Backpulver durchsieben und locker unter die Eiercreme ziehen.

2 Den Backofen auf 180 °C vorheizen. Die Butter bei milder Hitze schmelzen lassen und lauwarm teelöffelweise unter die Eiermasse rühren.

3 Die Eiweiße zusammen mit dem Salz steifschlagen und vorsichtig unter die Biskuitmasse heben.

4 Den Boden der Springform mit Butter ausfetten und die Teigmasse hineinfüllen. Den Kuchen im Ofen auf der zweiten Schiene von unten etwa 30 Minuten backen. Dann kurz abkühlen lassen, aus der Form nehmen und erkalten lassen.

5 Inzwischen die Gelatine etwa 10 Minuten in kaltem Wasser quellen lassen. Den Limettensaft zusammen mit dem Zucker sirupartig einkochen lassen. Die Gelatine gut ausdrücken und im noch warmen Limettensirup auflösen.

6 Die Eigelbe mit der Milch und der Zitronenschale gut verrühren. Quark und Joghurt miteinander glattrühren, dann mit dem Limettensirup und der Eigelbmilch verrühren. Die Mischung stehen lassen, bis sie etwas abgekühlt ist und fest zu werden beginnt.

7 Die Springform waschen und den Rand mit Klarsichtfolie auskleiden. Den Biskuitboden verkehrt herum in die zusammengesetzte Springform legen, die Quarkmasse darauf geben und glattstreichen. Die Form mit Klarsichtfolie verschließen und den Kuchen für 2 bis 3 Stunden kühl stellen, bis der Quark fest ist.

8 Inzwischen die Mangos schälen, das Fruchtfleisch von den Steinen abschneiden und in feine Scheiben schneiden. Von der Ananas Schopf und Boden abtrennen. Den Mittelteil großzügig schälen, in Scheiben schneiden und die harten Mittelstrünke herausstechen. Die Ananasringe evtl. noch in Stücke schneiden. Die Schale der Litschis mit den Fingern aufbrechen und entfernen. Das Fruchtfleisch der Länge nach halbieren und die Kerne herausnehmen.

9 Die Früchte dekorativ auf die festgewordene Quarkmasse legen. Den Tortenguß zusammen mit dem Orangensaft unter Rühren aufkochen lassen und die Früchte damit überziehen. Den Guß festwerden lassen.

PRAKTISCHE TIPS

- Besonders aromatisch schmeckt der Kuchen, wenn Sie für den Tortenguß Maracuja- statt Orangensaft nehmen.
- Der Tortenguß verhindert ein Austrocknen des Kuchens. Wenn Sie ihn aber sofort servieren möchten, können Sie den Guß ruhig weglassen.

SCHOKOLADENKUCHEN

Infoblock

- Arbeitszeit: ca. 30 Minuten
- Backzeit: 50–60 Minuten
- Für 1 Springform (24 cm ø)
- Ergibt 12 Stücke
- ca. 370 kcal je Stück

Zutaten

200 g Zartbitterschokolade
6 Eiweiß
1 Prise Salz
100 g altbackenes Schwarzbrot
80 g Butter
6 Eigelb
220 g Zucker
150 g ungeschälte, gemahlene Mandeln
½ TL Bittermandelaroma
etwas Butter für die Form
1 EL Semmelbrösel für die Form

1 Die Schokolade grob zerkleinern und im heißen Wasserbad schmelzen lassen. Die Eiweiße zusammen mit der Hälfte des Zuckers und dem Salz steifschlagen. Das Schwarzbrot fein reiben. Die Butter bei milder Hitze schmelzen lassen.

2 Den Backofen auf 180 °C vorheizen. Die Eigelbe mit dem restlichen Zucker zu einer Creme schlagen. Mandeln, Brot und Butter (lauwarm) darunterziehen. Die flüssige Schokolade und das Bittermandelaroma ebenfalls unter die Teigmasse mischen.

3 Die Springform ausfetten und mit Semmelbröseln ausstreuen. Die Teigmasse vorsichtig auf den Eischnee gießen und locker damit mischen.

4 Die Masse in die Springform geben und glattstreichen. Den Kuchen im Ofen auf der mittleren Schiene 50 bis 60 Minuten backen.

BEILAGENTIP

Servieren Sie den Schokoladenkuchen mit leicht gesüßter Schlagsahne.

REZEPTVARIATIONEN

- **Bei der „Bärenstarken Kinderparty" (Seite 120) haben wir aus dem Kuchenteig kleine Schokoladenbären gebacken. Kaufen Sie dafür etwa 8 Bärenbackförmchen (ca. 11 cm lang) gibt es in Küchenfachgeschäften oder auch in Geschenkboutiquen mit Geschirrabteilung). Der Teig reicht für etwa 16 Bären, daher müssen Sie die kleinen Kuchen in zwei Durchgängen backen. Füllen Sie die ausgefetteten Förmchen jeweils zu zwei Dritteln mit dem Teig, und backen Sie die Bärenkuchen etwa 30 Minuten bei 180 °C. Machen Sie sicherheitshalber mehrmals eine Stäbchenprobe (Seite 8). Hübsch sieht es aus, wenn Sie die fertigen Bären mit Vollmilch- oder Zartbitterkuvertüre überziehen und diese nach dem Festwerden mit Zuckerglasur verzieren (Augen, Mund etc. aufmalen).**
- **Der Kuchen läßt sich gut füllen. Schneiden Sie ihn dafür mit Hilfe eines Zwirnsfadens oder mit dem Messer einmal horizontal durch, und bestreichen Sie den unteren Boden mit 150 g Aprikosen- oder Preiselbeerkonfitüre. Setzen Sie dann den oberen Boden wieder vorsichtig darauf.**

Gefüllter Mandelkuchen

Infoblock

- Arbeitszeit: ca. 50 Minuten
- Backzeit: ca. 50 Minuten
- Für 1 Springform (24 cm ø)
- Ergibt 12 Stücke
- ca. 360 kcal je Stück

Zutaten

120 g Butter
70 g Zucker
70 g Weizenmehl Type 405
3 Eigelb
10 g Gewürznelken
1 Msp. Zimtpulver
250 g geschälte, gemahlene Mandeln
1 EL Kirschwasser oder Cognac
1 TL Backpulver
4–5 Eiweiß
300 g Aprikosenkonfitüre
etwas Puderzucker zum Bestäuben

1 Die Butter zusammen mit dem Zucker schaumig rühren. 1 Eßlöffel Mehl darunterrühren, daß die Buttermasse bindet. Die Eigelbe nacheinander unter die Teigmasse rühren.

2 Die Nelken in einem Mörser oder mit dem Nudelholz fein zerstoßen. Dann mit dem Zimt und den gemahlenen Mandeln mischen und unter die Masse rühren. Diese mit dem Kirschwasser oder dem Cognac aromatisieren.

3 Den Backofen auf 180 °C vorheizen. Das Backpulver mit dem restlichen Mehl mischen und durchsieben. Die Eiweiße steifschlagen. Den Eischnee zusammen mit dem Mehl portionsweise unter die Teigmasse ziehen.

4 Die Springform mit Backtrennpapier auslegen und den Teig hineinfüllen. Den Kuchen im Ofen auf der zweiten Schiene von unten etwa 50 Minuten backen.

5 Den Kuchen etwas abkühlen lassen, aus der Form nehmen und vollständig erkalten lassen. Das Backpapier abziehen. Dann den Kuchen mit Hilfe eines Zwirnsfadens oder mit dem Messer (für Profis!) einmal horizontal durchschneiden. Den unteren Boden mit der Aprikosenkonfitüre bestreichen und den zweiten Boden vorsichtig darauf setzen. Den Kuchen mit etwas Puderzucker bestäuben.

Rezeptvariationen

- **Hübsch sieht es aus, wenn der Kuchen glasiert ist. Dafür etwa 100 g Aprikosenkonfitüre unter Rühren erhitzen, durch ein Sieb streichen und die Oberseite des Kuchens damit bestreichen. Rösten Sie dann 100 g Mandelblättchen ohne Fettzugabe in der Pfanne, und bestreuen Sie den Kuchen damit.**
- **Noch saftiger und aromatischer wird der Kuchen, wenn Sie ihn nicht nur einmal sondern zwei- oder dreimal horizontal durchschneiden und jeweils mit Aprikosenkonfitüre füllen. Dann müssen Sie aber sehr sorgfältig schneiden, weil die einzelnen Böden recht dünn werden. Diese Variation ist also nur etwas für Profis.**

MANDELKUCHEN MIT SCHOKOLADE

Infoblock

- Arbeitszeit: ca. 30 Minuten
- Backzeit: ca. 50 Minuten
- Für 1 Rehrückenform (20 cm lang)
- Ergibt ca. 10 Stücke
- ca. 180 kcal je Stück

Zutaten

Für die Teigmasse

2 Eiweiß
50 g Zucker
2 Eigelb
50 g Butter
50 g Zartbitterschokolade
40 g Speisestärke
½ TL Backpulver
40 g geschälte, gemahlene Mandeln
1 Prise Salz
etwas Butter für die Form

Für die Glasur

50 g Zartbitterschokolade
1 EL Butter

1 Den Backofen auf 190 °C vorheizen. Die Eiweiße sehr steif schlagen. Den Zucker dazugeben und alles 2 bis 3 Sekunden weiterschlagen. Die Eigelbe verquirlen und locker unter den Eischnee ziehen.

2 Die Butter bei milder Hitze schmelzen lassen. Die Schokolade grob raspeln. Dann Speisestärke, Butter (lauwarm), Backpulver, Mandeln, Schokolade und Salz vorsichtig unter die Eiercreme heben.

3 Die Masse in die ausgefettete Backform geben, glattstreichen und im Ofen auf der zweiten Schiene von unten etwa 50 Minuten backen.

4 Den Kuchen aus dem Ofen nehmen, etwas abkühlen lassen, aus der Form nehmen und erkalten lassen.

5 Für die Glasur die grob zerkleinerte Schokolade und die Butter zusammen im heißen Wasserbad schmelzen lassen. Den Kuchen damit bestreichen und die Glasur fest werden lassen.

REZEPTVARIATION

Hübsch sieht es aus, wenn Sie diesen Kuchen statt in der Rehrückenform in einer Motivform backen, z. B. Fisch-, Herz- oder Blumenform.

PRAKTISCHER TIP

Dieser Kuchen läßt sich problemlos (in Alufolie verpackt) einfrieren. Allerdings dürfen Sie ihn dann nicht mit der Glasur überziehen. Zum Auftauen den noch in Folie eingewickelten Kuchen 1 bis 2 Stunden bei Zimmertemperatur liegen lassen. Ihn danach, wie im Rezept beschrieben, mit der Glasur überziehen und diese fest werden lassen.

BAUMKUCHEN

Infoblock

- **Arbeitszeit: ca. 40 Minuten**
- **Backzeit: 2–3 Minuten pro Schicht**
- **Für 1 Springform (24 cm ø)**
- **Ergibt 12 Stücke**
- **ca. 430 kcal je Stück**

Zutaten

1 Vanilleschote
200 g Butter
4 EL Rum
100 g Weizenmehl Type 405
100 g Speisestärke
10 Eigelb
180 g Zucker
100 g Sahne
1 Prise Salz
10 Eiweiß
200 g Zartbitter-Schokoladenglasur aus dem Beutel

1 Die Vanilleschote der Länge nach aufschlitzen und das Mark mit einem Messer herauskratzen. Vanillemark und Butter zusammen schaumig rühren. Rum, Mehl und Speisestärke darunterrühren. Den Backofen auf 270 °C Oberhitze vorheizen.

2 Die Eigelbe zusammen mit der Hälfte des Zuckers cremig rühren, dann unter die Buttermasse mischen. Die Sahne und das Salz ebenfalls darunterrühren.

3 Die Eiweiße zusammen mit dem restlichen Zucker zu steifem Schnee schlagen und unter die Baumkuchenmasse heben.

4 Den Boden der Springform mit Backtrennpapier bespannen und den Springformring daran befestigen. Den Springformrand nicht fetten!

5 Den Baumkuchen nun schichtweise backen. Dafür zunächst 2 bis 3 Eßlöffel Teig in die Form geben und dünn ausstreichen. Im Ofen auf der obersten Schiene 2 bis 3 Minuten backen, bis die Oberfläche hellbraun ist. Den Kuchen dann aus dem Ofen nehmen, wieder 2 bis 3 Eßlöffel Teig in der Form glattstreichen und den Kuchen 2 bis 3 Minuten backen. So fortfahren, bis der Teig aufgebraucht ist. Dann den Kuchen auskühlen lassen.

6 Die Schokoglasur nach Packungsanweisung im heißen Wasserbad flüssig werden lassen. Den Kuchen auf ein Gitter setzen, die Glasur darauf gießen, glattstreichen und fest werden lassen.

PRAKTISCHE TIPS

- **Der fertige Baumkuchen kann in einer fest verschlossenen Blechschachtel mindestens 2 bis 3 Wochen aufbewahrt werden.**
- **Wenn Sie den Kuchen einfrieren möchten, dann lassen Sie die Glasur weg. Der Kuchen wird erst nach dem Auftauen damit überzogen.**

GROSSMAMAS GLEICHSCHWERKUCHEN

Infoblock

- **Arbeitszeit: ca. 30 Minuten**
- **Backzeit: ca. 60 Minuten**
- **Für 1 Kastenform (30 cm lang)**
- **Ergibt 20 Stücke**
- **ca. 230 kcal je Stück**

Zutaten

3 kleine Eier
250 g Zucker
200 g Butter
60 g Sahne oder saure Sahne
250 g Weizenmehl Type 405
1 Prise Salz
1 TL Backpulver
1 EL Zitronensaft
1 TL abgeriebene Schale einer unbehandelten Zitrone
1 EL Rum
150 g gemischte kandierte Früchte, z. B. Orangeat und Zitronat
2 EL Sultaninen
etwas Butter für die Form
etwas Puderzucker zum Bestäuben

1 Den Backofen auf 180 °C vorheizen. Die Eier zusammen mit dem Zucker zu einer Creme schlagen. Die Butter bei milder Hitze schmelzen lassen und zusammen mit der Sahne oder der sauren Sahne in die Eiercreme geben. Die Zutaten gut verrühren.

2 Mehl, Salz und Backpulver mischen, durchsieben und nach und nach unter die Eiercreme rühren. Zitronensaft, Zitronenschale und Rum hinzufügen. Alles gut verrühren und dann 3 bis 4 Minuten stehen lassen.

3 Die kandierten Früchte fein würfeln. Die mit etwas Mehl bestäubten Sultaninen zusammen mit den kandierten Früchten unter die Teigmasse heben.

4 Die Kastenform ausfetten und die Masse hineinfüllen. Den Kuchen im Ofen auf der untersten Schiene etwa 60 Minuten backen. Ihn dann kurz abkühlen lassen, aus der Form nehmen und auf einem Kuchengitter erkalten lassen. Dann mit etwas Puderzucker bestäuben.

REZEPTVARIATION

Statt in einer Kastenform können Sie den Kuchen auch in einer Motivform backen. Zum Beispiel in einer Herzform (ca. 22 cm ø) zum Muttertag oder in einer Sternform (ca. 22 cm ø) zu Weihnachten.

PRAKTISCHER TIP

Dieser wunderbare Kuchen verdankt sein Gelingen nicht nur den guten Zutaten, sondern auch der Zubereitungsart, bei der die Zutaten in einer ganz bestimmten Reihenfolge hinzugegeben werden müssen. Daher sollten Sie den Teig nicht mit einer Küchenmaschine zubereiten, bei der man alle Zutaten zusammen hineingibt und die Maschine dann den Teig rühren läßt.

2 QUARKKUCHEN MIT DÖRRPFLAUMEN

Infoblock

- **Quellzeit: über Nacht (12 Stunden)**
- **Arbeitszeit: ca. 60 Minuten**
- **Backzeit: ca. 10 Minuten**
- **Kühlzeit: 2–3 Stunden**
- **Für 1 Springform (20 cm ø)**
- **Ergibt 12 Stücke**
- **ca. 250 kcal je Stück**

Zutaten

Für den Belag

15 Dörrpflaumen ohne Stein
200 ml schwarzer Tee
250 g Quark, 20% Fett i. Tr.
2 EL Honig oder Birnendicksaft
abgeriebene Schale von 1 unbehandelten Zitrone
Saft von 1 Zitrone
2–3 TL Agar-Agar
200 g Sahne
3 EL Johannisbeergelee
1 TL Fruchtzucker

Für den Boden

80 g Butter
4 EL brauner Rohrzucker
200 g Hirseflocken
1 Eiweiß

1 Die Dörrpflaumen über Nacht in dem Tee quellen lassen. Am nächsten Tag für den Boden die Butter bei milder Hitze schmelzen lassen und mit dem Zucker und den Hirseflocken mischen. Die Masse vollständig erkalten lassen. Den Backofen auf 200 °C vorheizen.

2 Das Eiweiß unter die Hirseflockenmasse rühren. Diese auf dem Boden der mit Backtrennpapier ausgelegten Springform verteilen und im Ofen auf der mittleren Schiene etwa 10 Minuten backen. Dann kurz abkühlen lassen, das Backpapier abziehen und den Boden auf einem Kuchengitter auskühlen lassen.

3 Inzwischen für den Belag den Quark mit dem Honig oder dem Birnendicksaft glattrühren. Die Zitronenschale und den -saft dazugeben und darunterrühren.

4 1 Teelöffel Agar-Agar nach Packungsvorschrift in 3 Eßlöffeln Wasser auflösen und unter die Quarkmasse rühren. Die Sahne steifschlagen und vorsichtig mit einem Kochlöffel darunterziehen.

5 Den Boden wieder in die gesäuberte Springform legen. 2 Eßlöffel des Johannisbeergelees darauf streichen. Die Quarkmasse darauf geben und glattstreichen. Die Pflaumen abtropfen lassen (den Tee dabei auffangen) und auf der Quarkcreme verteilen. Den Kuchen für 2 bis 3 Stunden zugedeckt in den Kühlschrank stellen.

6 Den Tee mit dem restlichen Eßlöffel Johannisbeergelee, dem Fruchtzucker und den restlichen 1 bis 2 Teelöffeln Agar-Agar verrühren. Die Mischung bei milder Hitze erwärmen, bis ein Gelee entsteht.

7 Das noch flüssige Gelee auf dem Belag verteilen und die Glasur festwerden lassen.

REZEPTVARIATION

Falls Sie keine Hirseflocken bekommen (gibt es in Reformhäusern), können Sie auch die gleiche Menge kernige Haferflocken nehmen.

PRAKTISCHER TIP

Agar-Agar ist ein pflanzliches Geliermittel. Es wird aus Meeresalgen hergestellt und in der Naturküche als Ersatz für Gelatine verwendet.

MOHNKUCHEN

Infoblock

- Arbeitszeit: ca. 50 Minuten
- Zeit zum Gehen: ca. 30 Minuten
- Backzeit: 25–30 Minuten
- Für 1 Springform (26 cm ø)
- Ergibt 16 Stücke
- ca. 250 kcal je Stück

Zutaten

Für den Hefeteig

150–200 ml Milch
¼ Würfel Hefe (ca. 10 g)
2 TL Zucker
½ TL Salz
3 EL Butter
250 g Weizenmehl Type 405
etwas Butter für die Form
1 Eiweiß zum Bestreichen
1 Eigelb zum Bestreichen

Für die Füllung

200 ml Milch
150 g gemahlener Mohn
2 EL Honig
40 g Zucker
80 g Sultaninen
160 g gemahlene Mandeln
1 TL abgeriebene Schale einer unbehandelten Zitrone
1 Ei

Außerdem

Puderzucker zum Bestäuben

1 Für den Teig die Milch lauwarm erhitzen. Hefe, Zucker, Salz und Butter unter Rühren darin auflösen.

2 Das Mehl dazusieben und alles zu einem glatten Teig verkneten. Diesen etwa 30 Minuten zugedeckt an einem warmen Ort gehen lassen.

3 Inzwischen für die Füllung die Milch aufkochen lassen. Den Mohn dazugeben und alles unter Rühren nochmals aufkochen lassen. Den Honig darunterrühren und die Masse etwas abkühlen lassen.

4 Zucker, Sultaninen, Mandeln und Zitronenschale sowie das verquirlte Ei mit dem Mohn mischen.

5 Den Backofen auf 200 °C vorheizen. Die Springform mit der Butter ausfetten. Gut die Hälfte des Teigs etwa 5 mm dick ausrollen und die Form damit auslegen. Ringsherum einen etwa 4 cm hohen Rand formen. Die Mohnmasse auf den Teig geben und glattstreichen.

6 Den restlichen Teig zu einem Kreis in Springformgröße ausrollen. Den Teigrand des Kuchenbodens leicht nach innen über die Füllung biegen und mit etwas Eiweiß bestreichen. Den Teigdeckel darauf setzen und andrücken.

7 Die Teigoberfläche mit dem verquirlten Eigelb bestreichen. Den Kuchen im Ofen auf der zweiten Schiene von unten 25 bis 30 Minuten backen. Den fertigen Kuchen mit etwas Puderzucker bestäuben.

REZEPTVARIATION

Nach diesem Rezept können Sie auch kleine Mohnkrapfen backen. Rollen Sie den Teig dafür zu Kreisen von 10 bis 12 cm ø aus. Geben Sie jeweils einen Teil der Mohnmasse darauf, und klappen Sie den Teig zu Halbkreisen zusammen. Die Ränder gut festdrücken und die Teigoberflächen mit 1 verquirltem Eigelb bestreichen. Die Krapfen im Ofen bei 200 °C 15 bis 20 Minuten backen.

PRAKTISCHER TIP

Wer den Mohn selbst mahlen möchte oder auch muß, der sollte dafür eine spezielle Mohnmühle benutzen.

DATTELCAKE

Infoblock

- **Arbeitszeit: ca. 35 Minuten**
- **Kühlzeit: ca. 15 Minuten**
- **Backzeit: ca. 55 Minuten**
- **Für 1 Kastenform (20 cm lang)**
- **Ergibt 16 Stücke**
- **ca. 230 kcal je Stück**

Zutaten

3 Eigelb
150 g Zucker
50 g weiche Butter
90 g Speisestärke
6 EL Weizenmehl Type 405
150 g geschälte, grobgehackte Mandeln
3 Eiweiß
1 Prise Salz
200 g getrocknete Datteln
etwas Butter für die Form
5 EL Mandelblättchen
3 EL Aprikosenkonfitüre

1 Die Eigelbe zusammen mit dem Zucker zu einer sämigen Creme schlagen. Die weiche Butter darunterrühren.

2 Die Speisestärke, 3 Eßlöffel des Mehls und die grob gehackten Mandeln unter die Teigmasse rühren. Die Eiweiße zusammen mit dem Salz steifschlagen und locker darunterziehen.

3 Die Datteln der Länge nach halbieren, entkernen, kleinschneiden und mit den restlichen 3 Eßlöffeln Mehl mischen. Die Kastenform ausfetten.

4 Die Backform schichtweise mit der Masse und den Datteln füllen. Mit Teigmasse abschließen. Alles etwa 15 Minuten kalt stellen. Inzwischen den Backofen auf 170 °C vorheizen.

5 Den Kuchen im Ofen auf der untersten Schiene etwa 55 Minuten backen. Ihn dann kurz abkühlen lassen, aus der Form nehmen und auf ein Kuchengitter setzen.

6 Die Mandelblättchen in einer Pfanne ohne Fettzugabe goldgelb rösten. Die Aprikosenkonfitüre bei milder Hitze unter Rühren erwärmen, bis sie klar ist, dann durch ein Sieb streichen. Den noch lauwarmen Kuchen mit der Konfitüre bestreichen und mit den Mandelblättchen bestreuen.

BEILAGENTIP

Servieren Sie zu dem Dattelcake eine mit etwas Rum aromatisierte Vanillesauce.

REZEPTVARIATIONEN

- **Die Datteln können Sie durch 200 g in kleine Stücke geschnittene Bananen oder entsteinte, halbierte und kurz in etwas Tee eingeweichte Dörrpflaumen ersetzen.**
- **Statt mit der Aprikosen-Mandel-Glasur können Sie den Kuchen auch mit einer Schokoladenglasur überziehen. Dafür 50 g Zartbitterschokolade zusammen mit 75 g Puderzucker, 1 Eßlöffel Rum und 1 Eßlöffel Butter im heißen Wasserbad unter Rühren schmelzen lassen und den Kuchen damit überziehen. Dann 2 Eßlöffel Mandelblättchen ohne Fettzugabe in einer Pfanne goldgelb rösten, auf die noch weiche Glasur streuen und diese fest werden lassen.**

SANDKUCHEN

Infoblock

- **Arbeitszeit: ca. 40 Minuten**
- **Backzeit: 45–50 Minuten**
- **Für 1 Kastenform (20 cm lang)**
- **Ergibt 16 Stücke**
- **ca. 210 kcal je Stück**

Zutaten

5 große Eier
3 Eigelb
150 g Zucker
1 Prise Salz
1 TL abgeriebene Schale einer unbehandelten Zitrone
150 g Weizenmehl Type 405
100 g Speisestärke
160 g Butter

1 Den Backofen auf 190 °C vorheizen. Eier, Eigelbe, Zucker, Salz und Zitronenschale zusammen in einer Edelstahlschüssel im heißen Wasserbad aufschlagen, bis die Mischung körperwarm ist.

2 Die Eiercreme aus dem Wasserbad nehmen und abwechselnd mit schnellen und langsamen Bewegungen kaltschlagen. Dabei muß die Masse cremig werden und ihr Volumen etwa verdoppeln.

3 Das Mehl und die Speisestärke langsam in die Eiercreme rieseln lassen und vorsichtig darunterheben, bis alles gut gemischt ist.

4 Die Butter bei milder Hitze schmelzen lassen, bis sie klar ist. Den Schaum von der Oberfläche abschöpfen und wegwerfen. Die Butter vorsichtig unter die Masse ziehen. Die Kastenform mit Backtrennpapier auslegen, die Masse hineinfüllen und glattstreichen.

5 Den Kuchen im Ofen auf der untersten Schiene 15 bis 20 Minuten backen. Ihn dann sehr vorsichtig zusammen mit dem Rost aus dem Ofen ziehen und die Oberfläche mit einem spitzen, mit Wasser befeuchteten Messer der Länge nach einschneiden (so wird die Oberfläche elastischer und der Sandkuchen backt gleichmäßiger). Dann den Kuchen etwa 30 Minuten weiterbacken.

6 Den fertigen Kuchen aus dem Ofen nehmen und 12 bis 15 Minuten in der Form abkühlen lassen. Ihn dann vorsichtig herausnehmen, mit der Unterseite auf ein Kuchengitter setzen und auskühlen lassen.

7 Das Backtrennpapier erst kurz vor dem Aufschneiden entfernen, denn es verhindert das Austrocknen des Kuchens.

REZEPTVARIATIONEN

- **Statt den Kuchen nur mit Puderzucker zu bestäuben, können Sie ihn auch mit einer Zitronenglasur überziehen. Dafür 4 Eßlöffel Puderzucker mit 1 Eßlöffel Zitronensaft glattrühren und den Kuchen damit überziehen. Den Zitronensaft können Sie auch durch Orangensaft ersetzen.**
- **Verfeinern Sie den Teig einmal mit 100 g grobgehackten Walnüssen oder ungesalzenen Pistazien. So schmeckt er fein-nussig.**
- **Ebenso können Sie auch etwa 100 g kleine Rosinen oder auch feingehackte Dörrpflaumen in den Teig geben.**

INGWERHERZ

Infoblock

- Arbeitszeit: ca. 35 Minuten
- Backzeit: ca. 60 Minuten
- Für 1 Herzform (21 cm ø)
- Ergibt 12 Stücke
- ca. 310 kcal je Stück

Zutaten

125 g Butter
250 g Honig
60 g brauner Zucker
4 EL Milch
1 Ei
2 TL Ingwerpulver
1 TL Zimtpulver
250 g Weizenmehl Type 405
½ TL Backpulver
60 g geschälte, gemahlene Mandeln
etwas Butter für die Form
4 EL Puderzucker

1 Den Backofen auf 180 °C vorheizen. Die Butter bei milder Hitze schmelzen lassen. Honig, Zucker und lauwarme Butter zusammen verrühren. Die Milch und das verquirlte Ei dazugeben und alles gut verquirlen.

2 Nach und nach die Gewürze, das durchgesiebte Mehl und das Backpulver dazugeben und alles gut verrühren. Dann die gemahlenen Mandeln unter die Masse ziehen.

3 Die Masse in die ausgefettete Herzform füllen und den Kuchen im Ofen auf der zweiten Schiene von unten etwa 1 Stunde backen. Ihn dabei nach etwa 20 Minuten Backzeit mit Alufolie abdecken.

4 Den Kuchen aus dem Ofen nehmen und kurz abkühlen lassen. Dann die Oberseite des Biskuits gerade schneiden, den Kuchen auf diese Seite stürzen und erkalten lassen.

5 Aus festem Papier oder aus Pappe eine Schablone ausschneiden (z. B. in Form eines Herzens). Diese auf das Herz legen und es mit dem Puderzucker bestäuben. Die Schablone vorsichtig entfernen.

PRAKTISCHER TIP

Das Ingwerherz ist eine gute Idee für den Muttertag oder den Valentinstag. Es eignet sich aber auch als Geburtstagsgeschenk.

REZEPTVARIATIONEN

- **Das Ingwerpulver läßt sich durch 50 g sehr fein gehackte eingelegte Ingwerfrüchte ersetzen.**
- **Ingwerfans können den fertigen (nicht mit Puderzucker bestäubten) Kuchen mit etwas erhitztem Ingwersirup (Fertigprodukt) glasieren. Hübsch sieht es aus, wenn man dann noch 3 Eßlöffel Mandelblättchen ohne Fettzugabe in einer Pfanne goldgelb röstet und auf die noch weiche Glasur streut.**

Quarkstollen

Infoblock

- Arbeitszeit: ca. 35 Minuten
- Ruhezeit: ca. 60 Minuten
- Backzeit: 50–60 Minuten
- Für 1 Kastenform (25 cm lang)
- Ergibt 16 Stücke
- ca. 290 kcal je Stück

Zutaten

100 g Rosinen
2 EL Rum
350 g Weizenmehl Type 405
2 TL Backpulver
2 kleine Eier
1 Prise Salz
100 g Zucker
1 TL Vanillezucker
200 g Quark, 20% Fett i.Tr.
100 g weiche Butter
50 g Zitronat
100 g geschälte, gehackte Mandeln
etwas Butter für die Form
4 EL Butter zum Bestreichen
60 g Puderzucker zum Bestäuben

1 Die Rosinen waschen und in den Rum einlegen. Inzwischen das Mehl zusammen mit dem Backpulver in eine Schüssel sieben. In die Mitte eine Mulde drücken.

2 Eier, Salz, Zucker und Vanillezucker in die Mulde geben und alles mit etwas Mehl mischen. Die Rosinen abgießen und beiseite legen. Den aufgefangenen Rum zusammen mit dem Quark und der in kleine Stücke geschnittenen Butter in die Schüssel geben und alles rasch zu einem Teig verkneten.

3 Das Zitronat fein hacken. Rosinen, Zitronat und Mandeln unter den Teig mischen und ihn etwa 60 Minuten ruhen lassen.

4 Den Backofen auf 190 °C vorheizen. Die Kastenform ausfetten und den Teig hineingeben. Den Stollen im Ofen auf der zweiten Schiene von unten 50 bis 60 Minuten backen.

5 Den fertigen Stollen kurz abkühlen lassen, dann aus der Form nehmen und auf ein Kuchengitter setzen. Die Butter bei milder Hitze schmelzen lassen und den noch heißen Stollen damit einpinseln. Den Stollen nach dem Erkalten mit Puderzucker bestäuben.

Rezeptvariation

- **Sie können den Quarkstollen auch ohne Backform backen. Dafür den Teig zu einem ovalen Laib formen, mit dem Nudelholz der Länge nach eine Vertiefung hineindrücken und eine Teigseite zur Hälfte nach innen einschlagen. Den Stollen dann auf einem gefetteten Backblech backen. Damit der Stollen beim Backen ohne Form seitlich nicht zu sehr in die Breite geht, sollten Sie neben die langen Seiten jeweils einen Holz- oder Metallstab legen, um den Teig so abzustützen.**
- **Wenn Sie kandierte Früchte mögen, geben Sie noch 100 g grob gehacktes Orangeat oder Zitronat in den Teig.**
- **Besonders raffiniert schmeckt der Stollen, wenn Sie die gehackten Mandeln durch gehackte ungesalzene Pistazien ersetzen.**

REHRÜCKEN MIT SCHOKOLADE

Infoblock

- **Arbeitszeit: ca. 35 Minuten**
- **Backzeit: ca. 60 Minuten**
- **Für 1 Rehrückenform (30 cm lang)**
- **Ergibt 20 Stücke**
- **ca. 220 kcal je Stück**

Zutaten

110 g Butter
110 g Zucker
6 Eigelb
100 g Zartbitterschokolade
110 g geschälte, gemahlene Mandeln
1 EL Kakaopulver
60 g Weizenmehl Type 405
2 Prisen Salz
1 TL Backpulver
6 Eiweiß
etwas Butter für die Form
200 g Zartbitter-Schokoladenglasur aus dem Beutel
2 EL Mandelsplitter

1 Den Backofen auf 180 °C vorheizen. Die Butter schaumig rühren. Den Zucker und die Eigelbe dazugeben und alles 2 bis 3 Minuten weiterrühren.

2 Die Schokolade mittelfein reiben und zusammen mit Mandeln und Kakao sowie mit dem durchgesiebten Mehl, 1 Prise Salz und dem Backpulver zur Eiercreme geben. Alles zu einer glatten Masse verrühren.

3 Die Eiweiße zusammen mit 1 Prise Salz zu sehr steifem Schnee schlagen. Diesen sorgfältig unter die Teigmasse ziehen.

4 Die Rehrückenform ausfetten, den Teig hineingeben und glattstreichen. Den Kuchen im Ofen auf der zweiten Schiene von unten etwa 60 Minuten backen.

5 Den Kuchen kurz abkühlen lassen, ihn dann auf ein Kuchengitter stürzen und erkalten lassen.

6 Dann die Schokoladenglasur nach Packungsanweisung im Wasserbad flüssig werden lassen. Sie auf den Kuchen träufeln und glattstreichen.

7 Die Mandelsplitter auf die noch feuchte Glasur streuen. Die Glasur fest werden lassen.

REZEPTVARIATION

Besonders fein wird dieser Kuchen, wenn Sie ihn mit einer Schokoladencreme füllen. Dafür den fertigen Kuchen (ohne Glasur) einmal mit einem Messer horizontal durchschneiden. Dann 50 g Zartbitterschokolade im heißen Wasserbad unter Rühren schmelzen lassen, 1 verquirltes Eigelb darunterrühren und die Mischung etwas abkühlen lassen. 1 Eiweiß zusammen mit 1 Prise Salz zu steifem Schnee schlagen, ebenso 125 g Sahne steifschlagen. Beides unter die Schokoladen-Eigelb-Mischung ziehen und die fertige Creme für etwa 2 Stunden zugedeckt kalt stellen. Dann die Creme auf den unteren Kuchenboden streichen, den oberen vorsichtig darauf setzen und den Kuchen zuletzt mit etwas Puderzucker bestäuben.

HEFEGUGELHUPF

Infoblock

- **Arbeitszeit: ca. 25 Minuten**
- **Zeit zum Gehen: ca. 1½ Stunden**
- **Backzeit: 40–45 Minuten**
- **Für 1 Gugelhupfform (22 cm ø)**
- **Ergibt 16 Stücke**
- **ca. 300 kcal je Stück**

Zutaten

⅛ l Milch
500 g Weizenmehl Type 405
1 Würfel Hefe (42 g)
150 g weiche Butter
100 g Zucker
1 Prise Salz
4 Eier
abgeriebene Schale von 1 unbehandelten Zitrone
80 g Sultaninen
50 g Zitronat
50 g Orangeat
5 EL Weinbrand
etwas Butter für die Form
Semmelbrösel für die Form
etwas Puderzucker zum Bestäuben

1 Die Milch lauwarm erhitzen. Das Mehl in eine Schüssel sieben und in die Mitte eine Mulde drücken. Die Hefe hineinbröckeln und mit der lauwarmen Milch auflösen. Den Teigansatz dünn mit Mehl bestäuben und etwa 20 Minuten zugedeckt an einem warmen Ort gehen lassen.

2 Dann die weiche Butter zusammen mit Zucker, Salz, Eiern und Zitronenschale schaumigrühren. Diese Mischung zum Vorteig geben und alles zu einem Teig verkneten. Diesen nochmals etwa 20 Minuten zugedeckt gehen lassen.

3 Inzwischen die Sultaninen waschen und abtropfen lassen. Zitronat und Orangeat in kleine Würfel schneiden. Beides zusammen mit den Sultaninen in einer Schüssel mit dem Weinbrand übergießen und einige Minuten stehen lassen. Dann die Mischung unter den Hefeteig kneten und diesen weitere 20 Minuten zugedeckt gehen lassen.

4 Die Gugelhupfform mit Butter ausfetten und mit Semmelbröseln ausstreuen. Den Backofen auf 200 °C vorheizen. Den Teig nochmals gut kneten, in die Form füllen und so lange zugedeckt an einem warmen Ort gehen lassen, bis sich sein Volumen verdoppelt hat.

5 Den Gugelhupf im Ofen auf der untersten Schiene 40 bis 45 Minuten backen.

6 Den Gugelhupf einige Minuten abkühlen lassen, dann aus der Form nehmen. Die Oberfläche mit etwas Puderzucker bestäuben.

PRAKTISCHER TIP

Um richtig gehen zu können, braucht die Hefe Wärme. Im Sommer ist dies kein Problem, denn dann reicht schon die Zimmertemperatur zum Gehen des Teiges aus. In der kälteren Jahreszeit empfiehlt es sich, den zugedeckten Teig entweder vor die warme Heizung zu stellen oder ihn im Backofen bei etwa 35 °C gehen zu lassen. Mehr als 40 °C darf die Temperatur nicht betragen, denn sonst geht die Hefe kaputt. Stellen Sie den Backofen daher lieber etwas niedriger als gewünscht ein, denn nicht jedes Gerät entwickelt genau die Temperatur, die man eingestellt hat.

BAUMSTAMM MIT SCHOKOLADENCREME

Infoblock

- Arbeitszeit: ca. 60 Minuten
- Backzeit: ca. 12 Minuten
- Für 1 Backblech
- Ergibt 16 Stücke
- ca. 220 kcal je Stück

Zutaten

Für die Teigmasse

100 g Zartbitterschokolade
8 Eiweiß
180 g Zucker
60 g Weizenmehl Type 405
50 g Kakaopulver

Für die Füllung

50 g weiße Schokolade
130 g Butter
2 Eier
60 g Zucker

1 Für die Teigmasse die Schokolade in kleine Stücke brechen und im heißen Wasserbad schmelzen lassen. Die Eiweiße zusammen mit dem Zucker fast steif schlagen und die lauwarme, flüssige Schokolade darunterziehen. Das Mehl zusammen mit dem Kakao über die Eischneemasse sieben und vorsichtig darunterheben.

2 Den Backofen auf 200 °C vorheizen. Das Backblech mit Backtrennpapier auslegen. Die Biskuitmasse in einen Spritzbeutel mit großer Sterntülle füllen und in gleichmäßig dicken Strängen, die dicht nebeneinanderliegen, auf das Backpapier spritzen. Den Biskuit im Ofen auf der mittleren Schiene etwa 12 Minuten backen.

3 Den Biskuit vom Blech nehmen und etwa 10 Minuten abkühlen lassen. Das Backtrennpapier abziehen und den Biskuit umgekehrt darauf legen.

4 Dann für die Füllung die weiße Schokolade im heißen Wasserbad schmelzen lassen. Die Butter schaumig rühren und mit der flüssigen Schokolade mischen.

5 Die Eier trennen. 30 g des Zuckers zusammen mit 2 ½ Eßlöffeln Wasser aufkochen lassen. Die Eigelbe zusammen mit dem Zuckerwasser zunächst im heißen Wasserbad aufschlagen, dann neben dem Herd wieder kalt schlagen, bis eine sämige Creme entstanden ist. Diese unter die Butter-Schokoladen-Creme rühren.

6 Die Eiweiße zusammen mit dem restlichen Zucker zu steifem Schnee schlagen und unter die Buttercreme heben.

7 Den Biskuit gleichmäßig mit der Buttercreme bestreichen, zu einer Roulade zusammenrollen und fest in Backpapier einwickeln. Den Baumstamm bis zum Servieren kalt stellen.

OSTERFLADEN

Infoblock

- Arbeitszeit: ca. 45 Minuten
- Ruhezeit: ca. 2 Stunden
- Garzeit: ca. 20 Minuten
- Backzeit: ca. 40 Minuten
- Für 1 Springform (28 cm ø)
- Ergibt 16 Stücke
- ca. 300 kcal je Stück

Zutaten

Für den Mürbeteig

240 g Weizenmehl Type 405
120 g Butter
1 Ei
1 Prise Salz

Für den Belag

½ l Milch
¼ TL Salz
100 g Rundkornreis, z. B. italienischer Vialone oder Camolino
4 EL Himbeerkonfitüre
3 Eigelb
170 g Zucker
100 g Sahnequark
50 g Sahne
50 g Sultaninen
abgeriebene Schale von 2 unbehandelten Zitronen
100 g geschälte, gemahlene Mandeln
3 Eiweiß
etwas Puderzucker zum Bestäuben

1 Für den Teig das Mehl auf eine Arbeitsfläche sieben, in die Mitte eine Mulde drücken und die Butter in kleinen Flöckchen hineingeben.

2 Das Ei, Salz sowie etwa 4 Eßlöffel Wasser dazugeben und alles rasch zu einem kompakten Teig verkneten. Diesen zu einer Kugel formen, in Frischhaltefolie einwickeln und für etwa 2 Stunden in den Kühlschrank legen.

3 Inzwischen für den Belag die Milch zusammen mit dem Salz aufkochen lassen. Den Reis dazugeben und bei milder Hitze zugedeckt etwa 20 Minuten ausquellen lassen. Ihn dabei ab und zu umrühren. Den fertigen Reis erkalten lassen.

4 Den Teig nach der Ruhezeit etwa 3 mm dick ausrollen. Den Springformboden mit Backtrennpapier belegen und den Teig darauf legen. Ringsherum einen etwa 2 cm hohen, dicken Rand formen.

5 Den Backofen auf 220 °C vorheizen. Den Teigboden mit einer Gabel mehrmals einstechen und mit der Konfitüre bestreichen.

6 Die Eigelbe mit dem Zucker zu einer sämigen Creme verrühren. Den Quark und die Sahne darunterrühren. Die gewaschenen Sultaninen, die Zitronenschale und die Mandeln ebenfalls daruntermischen.

7 Die Eiweiße zu steifem Schnee schlagen. Den kalten Milchreis und den Eischnee unter die Quarkmasse ziehen. Diese auf den Teigboden geben und glattstreichen.

8 Den Kuchen im Ofen auf der zweiten Schiene von unten zunächst etwa 10 Minuten backen. Dann den Ofen auf 200 °C zurückschalten und den Kuchen weitere 30 Minuten backen. Falls die Oberfläche vorzeitig zu braun wird, sie mit Alufolie abdecken.

9 Den Kuchen aus dem Ofen nehmen, erkalten lassen und dann mit etwas Puderzucker bestäuben.

PRAKTISCHER TIP

Richtig österlich wird der Kuchen, wenn Sie ihn mit kleinen bunten Zuckerostereiern garnieren.
Sie können ihn aber auch mit einem Puderzuckermotiv bestäuben. Dafür aus festem Papier oder aus Pappe einen Kreis mit 30 cm ø ausschneiden. In der Mitte dann einen Osterhasen ausschneiden. Die Schablone auf den ausgekühlten Kuchen legen, diesen mit Puderzucker bestäuben und die Schablone vorsichtig abheben.

Haselnusskuchen

Infoblock

- Arbeitszeit: ca. 35 Minuten
- Ruhezeit: 1–2 Stunden
- Backzeit: 35–40 Minuten
- Für 1 Springform (26 cm ø)
- Ergibt 16 Stücke
- ca. 260 kcal je Stück

Zutaten

Für den geriebenen Teig

300 g Weizenmehl Type 405
150 g Butter
1 Prise Salz
etwas Butter für die Form

Für den Belag

4–5 EL schwarze Johannisbeerkonfitüre
7 Eiweiß
125 g gemahlene Haselnüsse
150 g Zucker
1 Msp. Zimtpulver
1 TL abgeriebene Schale einer unbehandelten Zitrone
2 EL Kirschwasser

1 Für den Teig das Mehl auf eine Arbeitsfläche sieben. Die Butter in Flocken darauf geben und mit dem Mehl zu feinen Krümeln zerreiben. Dann eine Mulde formen.

2 Das Salz in 4 bis 5 Eßlöffeln Wasser auflösen, in die Mulde geben und alles rasch zu einem glatten Teig verkneten. Diesen in Frischhaltefolie einwickeln und für 1 bis 2 Stunden in den Kühlschrank legen.

3 Den Backofen auf 190 °C vorheizen. Die Springform gut ausfetten. Den Teig 3 bis 4 mm dick ausrollen, in die Form legen und ringsherum einen etwa 4 cm hohen Rand formen. Den Teig mit der Konfitüre bestreichen.

4 Die Eiweiße zu steifem Schnee schlagen. Haselnüsse, Zucker, Zimt und Zitronenschale mischen und unter den Eischnee heben. Das Kirschwasser daruntermischen.

5 Die Masse auf dem Teigboden verteilen und glattstreichen. Den Kuchen im Ofen auf der zweiten Schiene von unten 35 bis 40 Minuten backen. Wenn er zu schnell dunkel wird, ihn mit Alufolie abdecken.

Rezeptvariationen

- **Sie können für dieses Rezept auch einen Mürbeteig nehmen (siehe Rezept „Apfelkuchen nach Wiener Art“, Seite 100).**
- **Bei der Wahl der Konfitüre zum Bestreichen sind Ihrer Phantasie keine Grenzen gesetzt. Gut schmeckt der Kuchen z. B. auch mit Kirsch- oder Himbeerkonfitüre sowie mit Preiselbeeren aus dem Glas oder mit Orangenmarmelade.**
- **Sie können den Kuchen auch mit einem Teigdeckel versehen. Dann nehmen Sie aber statt des geriebenen Teigs besser einen Mürbeteig (siehe erste Variation oben), und bereiten Sie die doppelte Menge davon zu. Nachdem Sie die untere Teigplatte mit der Nußmasse bestrichen haben, rollen Sie den restlichen Teig zu einem Kreis aus, legen diese Platte auf die Füllung und drücken die Ränder fest mit den Teigrändern vom Boden zusammen. Den Kuchen dann, wie im Rezept beschrieben, backen. Ihn danach mit einer Puderzuckerglasur überziehen.**

Dörrfrüchtebrot

Infoblock

- Arbeitszeit: ca. 50 Minuten
- Zeit zum Gehen: ca. 2½ Stunden
- Quellzeit: ca. 24 Stunden
- Garzeit: ca. 20 Minuten
- Backzeit: ca. 60 Minuten
- Für 1 großes Backblech
- Ergibt ca. 24 Stücke
- ca. 190 kcal je Stück

Zutaten

350 g getrocknete Birnen
150 g getrocknete, entsteinte Pflaumen
200 ml Milch
400 g Weizenmehl Type 405
½ Würfel Hefe (20 g)
1 TL Zucker
60 g Butter
½ TL Salz
1 kleines Ei
100 g Sultaninen
1 EL Kirschwasser
100 g Haselnüsse
50 g Honig oder Obstdicksaft
1 TL Zimtpulver
1 Prise Nelkenpulver
1 Prise gemahlene Macis (Muskatblüte)
1 Eigelb zum Bestreichen

1 Die getrockneten Birnen und Pflaumen für etwa 24 Stunden in kaltem Wasser quellen lassen.

2 Kurz vor Ende der Quellzeit den Teig herstellen. Dafür die Milch lauwarm erhitzen. Das Mehl in eine Schüssel sieben und in die Mitte eine Mulde drücken. Die zerbröckelte Hefe, den Zucker und 60 ml der lauwarmen Milch dazugeben und mit etwas Mehl verrühren. Etwas Mehl über den Teigansatz streuen und den Teig zugedeckt an einem warmen Ort gehen lassen, bis die Oberfläche Risse zeigt.

3 Die Butter in Flocken, das Salz, das verquirlte Ei und die restliche Milch dazugeben und alles zu einem glatten, festen Teig verkneten. Diesen etwa 1¼ Stunden gehen lassen.

4 Inzwischen das Trockenobst zusammen mit dem Einweichwasser etwa 20 Minuten bei mittlerer Hitze kochen. Es dann abgießen und im Mixer fein pürieren.

5 Die Sultaninen für etwa 10 Minuten in dem Kirschwasser einweichen. Dann gut abtropfen lassen. Die Nüsse grob hacken und zusammen mit den Sultaninen, dem Honig oder dem Obstdicksaft und den Gewürzen unter das Trockenobstmus mischen.

6 Ein Drittel des gegangenen Hefeteiges mit der Trockenobstmischung gut verkneten. Den Teig zu 2 länglichen Broten formen.

7 Den restlichen Teig dünn ausrollen und in zwei Rechtecke schneiden. Die Früchtebrote in die Teigplatten einwickeln und die Enden dabei gut übereinanderlegen.

8 Die Früchtebrote mit den Nähten nach unten auf das mit Backtrennpapier ausgelegte Blech legen und die Oberseiten mit einer Gabel oder mit einem Teigrädchen hübsch verzieren.

9 Die Früchtebrote etwa 60 Minuten zugedeckt an einem warmen Ort gehen lassen. Nach etwa 45 Minuten Gehzeit den Backofen auf 170 °C vorheizen.

10 Die Brote mit dem verquirlten Eigelb bestreichen und im Ofen auf der zweiten Schiene von unten etwa 60 Minuten backen.

PRAKTISCHE TIPS

◆ Falls die Brote vorzeitig braun werden, empfiehlt es sich, sie mit Alufolie abzudecken.

◆ Dieses Früchtebrot hält sich, fest in Alufolie eingepackt, 2 bis 3 Wochen frisch.

◆ Wenn Sie einen Schnellkochtopf besitzen, können Sie bei diesem Rezept viel Zeit sparen, denn Sie müssen das Trockenobst nur 2 Stunden quellen lassen. Geben Sie es danach zusammen mit dem Wasser in den Schnellkochtopf, und garen Sie es darin etwa 8 Minuten.

STERNFÖRMIGER ZOPF

Infoblock

- **Arbeitszeit: ca. 50 Minuten**
- **Zeit zum Gehen: ca. 65 Minuten**
- **Backzeit: ca. 30 Minuten**
- **Für 1 Backblech (32 cm ø)**
- **Ergibt ca. 24 Stücke**
- **ca. 130 kcal je Stück**

Zutaten

¼ l Milch
500 g Weizenmehl Type 405
¾ Würfel Hefe (ca. 35 g)
70 g Butter
50 g Zucker
1 Prise Salz
1 Ei
1 Eigelb
1 Eiweiß zum Verkleben
1 Eigelb zum Bestreichen

1 Die Milch lauwarm erhitzen. Das Mehl in eine Schüssel sieben, in die Mitte eine Mulde drücken und die Hefe hineinbröckeln. Die Milch dazugeben, mit der Hefe verrühren, etwas Mehl dazugeben und den Vorteig etwa 25 Minuten zugedeckt an einem warmen Ort gehen lassen.

2 Die Butter bei milder Hitze schmelzen lassen. Dann mit Zucker, Salz, Ei und dem Eigelb verrühren. Diese Mischung zum Vorteig geben und alles zu einem Teig verkneten. Diesen zu einer Kugel formen und etwa 25 Minuten zugedeckt an einem warmen Ort gehen lassen. Er sollte sein Volumen dabei in etwa verdoppeln.

3 Dann den Teig in 8 gleich große Stücke teilen. Jedes Stück zu einer gleichmäßigen Rolle von etwa 50 cm Länge formen, die an den Enden etwas zugespitzt ist.

4 Nun 3 Rollen in der Mitte halbieren, so daß 6 kurze Rollen entstehen. Aus einer dieser kurzen Rollen (25 cm Länge) einen Ring formen. Die 5 langen Rollen so um den Ring schlingen, daß jeweils 2 gleich lange Stücke nach außen herausschauen.

5 Jeweils 1 kleine Rolle mit einem Ende unter den Ring kleben – und zwar genau dort, wo die langen Rollen um den Ring geschlungen sind. Dabei den Teig zum Kleben mit etwas Eiweiß bestreichen, damit die Teigstücke aneinanderhaften. Man erhält nun einen Ring, von dem 5 dreifache Stränge nach außen abgehen. Diese Stränge zu Zöpfen flechten.

6 Den Backofen auf 200 °C vorheizen. Den fertigen Zopfkranz auf das mit Backtrennpapier belegte Blech legen, mit dem Eigelb bestreichen und nochmals etwa 10 Minuten gehen lassen. Ihn dann im Ofen auf der zweiten Schiene von unten etwa 30 Minuten backen.

REZEPTVARIATIONEN

- **Hübsch sieht es aus, wenn Sie den Zopf nach dem Bestreichen mit dem Eigelb mit etwas Sesam bestreuen.**
- **Wenn Ihnen das Flechten des sternförmigen Zopfes zu kompliziert ist, können Sie auch einen einfachen Zopf herstellen. Dafür den Teig in drei Portionen teilen und aus jeder einen dicken, langen Strang rollen. Die drei Stränge dann zu einem normalen Zopf flechten. Diesen, wie in Schritt 6 beschrieben, fertigstellen. Eventuell 10 Minuten länger backen.**

MARZIPANKRANZ

Infoblock

- Arbeitszeit: ca. 45 Minuten
- Ruhezeit: ca. 20 Minuten
- Backzeit: ca. 45 Minuten
- Für 1 Kranzform (24 cm ø)
- Ergibt 16 Stücke
- ca. 340 kcal je Stück

Zutaten

Für den Quark-Öl-Teig

125 g Quark, 20% Fett i.Tr.
70 g Zucker
½ Päckchen Vanillezucker
½ TL abgeriebene Schale einer unbehandelten Zitrone
2 Prisen Salz, 5 EL Öl
3 EL Milch, 1 Ei
300 g Weizenmehl, Type 405
1 Päckchen Backpulver
etwas Mehl zum Ausrollen
etwas Butter für die Form
1 Eigelb zum Bestreichen

Für die Füllung

150 g Marzipanrohmasse
5 EL Milch, 2 EL Weinbrand
150 g Sultaninen
100 g Rosinen
50 g Orangeat, 50 g Zitronat
150 g gemahlene Mandeln

Für die Glasur

150 g Aprikosenmarmelade
60 g Zucker
1 EL Zitronensaft

1 Für den Teig den Quark mit Zucker, Vanillezucker, Zitronenschale, Salz, Öl, Milch und Ei gut verrühren. Das Mehl mit dem Backpulver mischen und durchsieben. Die Hälfte davon mit den Knethaken unter den Teig mischen. Das restliche Mehl mit der Hand unter den Teig kneten. Diesen zu einer Kugel formen, in Klarsichtfolie einschlagen und etwa 20 Minuten kalt stellen.

2 Inzwischen für die Füllung die Marzipanrohmasse mit einem Teil der Milch verkneten. Sie dann mit der restlichen Milch und dem Weinbrand mit dem Handrührgerät cremig rühren. Sultaninen und Rosinen waschen und gut trockentupfen. Orangeat und Zitronat in kleine Würfel schneiden.

3 Die Arbeitsfläche mit etwas Mehl bestäuben und den Teig darauf 50 mal 50 cm groß ausrollen. Den Backofen auf 200 °C vorheizen.

4 Die Teigplatte mit der Marzipanmasse bestreichen und mit Sultaninen, Rosinen, Orangeat und Zitronat sowie mit den gemahlenen Mandeln bestreuen. Die Teigplatte locker zu einer Rolle zusammenrollen.

5 Die Kranzform ausfetten und die Teigrolle hineinlegen. Die Enden der Rolle gut zusammendrücken. Das Eigelb verquirlen und die Teigoberfläche damit bestreichen.

6 Den Kuchen im Ofen auf der untersten Schiene etwa 45 Minuten backen. Ihn anschließend einige Minuten in der Form abkühlen lassen, dann aus der Form nehmen und auf ein Kuchengitter setzen.

7 Die Aprikosenmarmelade zusammen mit dem Zucker, 6 Eßlöffeln Wasser und dem Zitronensaft kochen lassen, bis sie klar und dickflüssig ist. Dann die Glasur durch ein feines Sieb passieren und die Kranzoberfläche damit bestreichen.

PRAKTISCHER TIP

Der Kranz schmeckt lauwarm am besten.

REZEPTVARIATIONEN

◆ Hübsch sieht es aus, wenn Sie den Kranz gleich nach dem Glasieren (also, wenn die Glasur noch weich ist) mit Zitronat und Orangeat bestreuen.

◆ Auch mit ungesalzenen Pistazien, Pinienkernen oder Walnußkernhälften bestreut, sieht der Marzipankranz sehr hübsch aus.

GEFÜLLTER HEFEKRANZ

Infoblock

- Arbeitszeit: ca. 60 Minuten
- Zeit zum Gehen: ca. 60 Minuten
- Backzeit: ca. 45 Minuten
- Für 1 Ringform (26 cm ø)
- Ergibt 20 Stücke
- ca. 190 kcal je Stück

Zutaten

Für den Hefeteig

170 ml Milch
330 g Weizenmehl Type 405
gut ⅓ Würfel Hefe (ca. 15 g)
½ TL Zucker
50 g Butter
½ TL Salz
1 kleines Ei
1 Eigelb zum Bestreichen

Für die Füllung

2–3 EL Aprikosenkonfitüre
150 g gemahlene Haselnüsse
50 g Zucker
5 EL Sahne
50 g Sultaninen

Für die Glasur

50 g Puderzucker
1 TL Zitronensaft
Mandelblättchen zum Bestreuen

1 Für den Teig die Milch lauwarm erhitzen. Das Mehl in eine Schüssel sieben und in die Mitte eine Mulde drücken. Die zerbröckelte Hefe, den Zucker und etwa 60 ml der lauwarmen Milch dazugeben und mit etwas Mehl verrühren, bis sich die Hefe gelöst hat. Den Vorteig mit etwas Mehl bedecken.

2 Die Butter in Flocken, das Salz, das verquirlte Ei und die restliche Milch dazugeben und alles zu einem glatten, festen Teig verkneten. Diesen zugedeckt an einem warmen Ort etwa 30 Minuten gehen lassen.

3 Dann den Teig etwa 3 mm dick zu einem Rechteck (30 mal 90 cm) ausrollen und von der schmalen Seite her in 3 etwa 10 cm breite Streifen schneiden.

4 Die Konfitüre unter Rühren erwärmen und die Teigstreifen damit bestreichen. Die Haselnüsse mit dem Zucker, der Sahne und den Sultaninen mischen. Die Masse auf die Teigstreifen geben (seitlich jeweils 1 cm Rand freilassen) und glattstreichen. Die Ränder mit etwas Wasser bestreichen und die Rollen jeweils der Länge nach aufrollen. Die Nähte gut zusammendrücken.

5 Die Ringform ausfetten. Die Rollen zu einem Zopf flechten (die Nähte der Rollen sollten dabei immer auf einer Seite des Zopfes liegen) und ihn in die Form legen. Die Zopfenden zusammendrücken. Den Zopf mit dem Eigelb bestreichen.

6 Den Teig nochmals etwa 30 Minuten an einem warmen Ort gehen lassen. Unterdessen den Ofen auf 200 °C vorheizen.

7 Den Kuchen im Ofen auf der zweiten Schiene von unten etwa 45 Minuten backen. Ihn dann kurz abkühlen lassen, aus der Form nehmen und vorsichtig auf ein Kuchengitter setzen.

8 Für die Glasur den Puderzucker mit dem Zitronensaft und 1 Eßlöffel Wasser verrühren. Den noch heißen Kranz damit bestreichen und mit Mandelblättchen bestreuen.

REZEPTVARIATIONEN

- **Statt der Haselnüsse können Sie für die Füllung auch die gleiche Menge gemahlene Mandeln nehmen.**
- **Die Füllung schmeckt mit gemahlenen Walnüssen und Himbeerkonfitüre auch sehr gut.**

STREUSELKUCHEN

Infoblock

- Arbeitszeit: ca. 45 Minuten
- Zeit zum Gehen: ca. 2¼ Stunden
- Backzeit: ca. 30 Minuten
- Für 1 großes Backblech
- Ergibt ca. 24 Stücke
- ca. 240 kcal je Stück

Zutaten

Für den Hefeteig

200 ml Milch
400 g Weizenmehl Type 405
½ Würfel Hefe (20 g)
1 TL Zucker
60 g Butter
½ TL Salz
1 kleines Ei
100 ml Milch zum Bestreichen

Für die Streusel

200 g Butter
200 g Zucker
300 g Weizenmehl Type 405
1 Msp. Salz
1 Päckchen Vanillezucker
2 TL Zimtpulver

1 Für den Teig die 200 ml Milch lauwarm erhitzen. Das Mehl in eine Schüssel sieben und in die Mitte eine Mulde drücken. Die zerbröckelte Hefe, den Zucker und 60 ml der lauwarmen Milch dazugeben und mit etwas Mehl verrühren, bis sich die Hefe aufgelöst hat. Den Vorteig mit etwas Mehl bedecken und an einem warmen Ort zugedeckt gehen lassen, bis sich Risse bilden.

2 Die Butter in Flocken, das Salz, das verquirlte Ei und die restliche Milch dazugeben und alles zu einem glatten, festen Teig verkneten. Diesen zugedeckt an einem warmen Ort etwa 1¼ Stunden gehen lassen.

3 Anschließend den Teig etwa 1 cm dick ausrollen und das mit Backtrennpapier ausgelegte Blech damit belegen. Den Teig an einem warmen Ort zugedeckt etwa 60 Minuten gehen lassen (er sollte dabei auf die doppelte Menge aufgehen). Den Teig von Zeit zu Zeit mit der Milch bestreichen.

4 Kurz vor Ende der Gehzeit den Backofen auf 220 °C vorheizen. Für die Streusel die Butter in kleine Stücke schneiden und mit Zucker, Mehl, Salz, Vanillezucker und Zimt mischen. Die Zutaten zwischen den Fingern zu feinen Bröseln zerreiben.

5 Die Streusel auf dem gegangenen Teig verteilen. Den Kuchen im Ofen auf der zweiten Schiene von unten etwa 30 Minuten backen.

REZEPTVARIATIONEN

- **Nach diesem Rezept können Sie auch einen Pflaumenstreuselkuchen backen. Dafür etwa 1 kg Pflaumen waschen, halbieren, entsteinen und auf den auf dem Backblech gegangenen Teig legen. Dann die Streusel darübergeben und den Kuchen nach Rezept backen.**
- **Gut schmeckt auch ein gefüllter Streuselkuchen. Nehmen Sie dafür ein etwas kleineres Backblech, so daß die Teigschicht dicker wird. Den fertigen Kuchen dann mit einem großen Messer einmal horizontal durchschneiden und mit einer Creme füllen. Gut eignet sich z. B. die Vanillecreme vom Rezept Traubenkuchen (Seite 28).**

BIENENSTICH

Infoblock

- Arbeitszeit: ca. 60 Minuten
- Zeit zum Gehen: ca. 60 Minuten
- Backzeit: ca. 35 Minuten
- Für 1 Springform (24 cm ø)
- Ergibt 12 Stücke
- ca. 430 kcal je Stück

Zutaten

Für den Hefeteig

100–150 ml Milch
250 g Weizenmehl Type 405
¼ Würfel Hefe (10 g)
2 EL Butter
3 Prisen Salz
etwas Butter für die Form

Für die Buttercreme

150 g Butter
100 g Puderzucker
3 EL Kirschwasser

Für den Belag

150 g Mandeln
75 g Butter, 150 g Zucker
1 TL Vanillezucker
3 EL Milch

1 Für den Teig die Milch lauwarm erhitzen. Das Mehl in eine Schüssel sieben. Die Hefe zerbröckeln und in 1 bis 2 Eßlöffeln der lauwarmen Milch auflösen. Die Butter und das Salz in etwa 100 ml der lauwarmen Milch auflösen.

2 Hefe- und Butter-Milch zum Mehl geben und alles zusammen zu einem geschmeidigen Teig verkneten. Falls er zu fest ist, noch etwas Milch dazugeben. Den Teig zugedeckt an einem warmen Ort in etwa 60 Minuten auf das Doppelte aufgehen lassen.

3 Die Springform ausfetten. Den Hefeteig etwa 1 cm dick ausrollen und in die Form legen.

4 Für die Buttercreme die Butter zusammen mit dem Puderzucker und dem Kirschwasser schaumig schlagen. Dann bis zur Verwendung kalt stellen. Den Backofen auf 200 °C vorheizen.

5 Für den Belag die Mandeln grob hacken. Die Butter bei milder Hitze schmelzen lassen. Zucker, Vanillezucker und Mandeln dazugeben und alles gut mischen. Die Milch unter die Mandelmasse rühren und diese auf den Teig streichen.

6 Den Kuchen im Backofen auf der zweiten Schiene von unten etwa 35 Minuten backen. Ihn dann etwa 20 Minuten abkühlen lassen. Den Kuchenrand mit einem spitzen Messer von der Form lösen, den Kuchen aus der Form nehmen und erkalten lassen.

7 Dann den Kuchen einmal horizontal durchschneiden. Die Buttercreme bei Zimmertemperatur wieder geschmeidig werden lassen. Den unteren Boden mit der Buttercreme bestreichen und den oberen vorsichtig darauf setzen.

PRAKTISCHER TIP

Beim Aufschneiden des gefüllten Kuchens kann es passieren, daß die Füllung leicht herausquillt. Um dies zu verhindern, sollten Sie den oberen Kuchenboden schon in die vorgesehenen Stücke schneiden, bevor Sie ihn auf die Füllung legen.

REZEPTVARIATIONEN

- Sie können den Bienenstich auch mit steifgeschlagener Sahne füllen.
- Gut schmeckt auch eine Quarkfüllung. Dafür 200 g Speisequark glattrühren. 100 g Sahne mit 2 bis 3 Eßlöffeln Zucker steifschlagen und unter den Quark heben. Die Creme zuletzt mit 1 Teelöffel unbehandelter Zitronenschale oder Vanillezucker abschmecken.

ZITRONENKUCHEN

Infoblock

- Arbeitszeit: ca. 40 Minuten
- Ruhezeit: 1–2 Stunden
- Backzeit: ca. 55 Minuten
- Für 1 Kuchenblech (28 cm ø)
- Ergibt 16 Stücke
- ca. 190 kcal je Stück

Zutaten

Für den geriebenen Teig

260 g Weizenmehl Type 405
130 g Butter
1 Prise Salz
getrocknete weiße Bohnen zum Blindbacken

Für den Belag

60 g Butter
120 g Zucker
1 großes Ei
3 EL abgeriebene Schale von unbehandelten Zitronen
4 EL Zitronensaft

1 Für den Teig das Mehl auf eine Arbeitsfläche sieben. Die Butter in Flocken darauf geben und mit dem Mehl zu feinen Krümeln zerreiben. Dann eine Mulde formen.

2 Das Salz in etwa 4 Eßlöffeln Wasser auflösen, in die Mulde geben und alles rasch zu einem glatten Teig verkneten. Diesen in Frischhaltefolie einwickeln und für 1 bis 2 Stunden in den Kühlschrank legen.

3 Nach der Ruhezeit den Backofen auf 200 °C vorheizen. Das Kuchenblech mit Backtrennpapier auslegen. Den Teig etwa 3 mm dick ausrollen, auf das Blech legen und ringsherum einen etwa 2 cm breiten Rand formen.

4 Den Teig mit Backtrennpapier bedecken und die getrockneten weißen Bohnen darauf verteilen. Den Boden im Ofen auf der mittleren Schiene etwa 20 Minuten vorbacken. Ihn dann aus dem Ofen nehmen und einige Minuten abkühlen lassen. Das Backtrennpapier mit den Bohnen entfernen.

5 Für den Belag die Butter bei milder Hitze schmelzen lassen. Den Zucker mit dem Ei so lange schlagen, bis eine sämige Creme entsteht.
Die lauwarme Butter darunterrühren. Zitronenschale und -saft dazugeben.

6 Die Zitronencreme auf den Boden gießen. Den Kuchen im Ofen auf der zweiten Schiene von unten etwa 15 Minuten backen. Dabei eventuell sich bildende Blasen mit einer Gabel aufstechen. Die Oberfläche des Kuchens sollte goldgelb werden. Einige hellbraune Flecken dürfen sich bilden.

REZEPTVARIATIONEN

- **Belegen Sie den fertigen Kuchen mit sehr feinen Scheiben einer unbehandelten Zitrone.**
- **Sie können den Kuchen auch mit Blätterteig (300 g) zubereiten. Formen Sie dann aber einen höheren Rand, damit sich der Teig beim Backen nicht nach innen biegt.**

PRAKTISCHER TIP

Der Zitronenkuchen schmeckt lauwarm am besten.

WEINKUCHEN

Infoblock

- Arbeitszeit: ca. 35 Minuten
- Ruhezeit: 1–2 Stunden
- Backzeit: ca. 30 Minuten
- Für 1 Kuchenblech (24 cm ø)
- Ergibt 12 Stücke
- ca. 180 kcal je Stück

Zutaten

Für den geriebenen Teig

200 g Weizenmehl Type 405
100 g Butter
1 Prise Salz

Für den Belag

1 EL Weizenmehl Type 405
80 g Zucker
200 ml trockener Weißwein
2 EL Butterflocken
½ TL Zimtpulver

1 Für den Teig das Mehl auf die Arbeitsfläche sieben. Die Butter in Flocken darauf geben und mit dem Mehl zu feinen Krümeln zerreiben. Dann eine Mulde formen.

2 Das Salz in 3 bis 4 Eßlöffeln Wasser auflösen, in die Mulde geben und alles rasch zu einem glatten Teig verkneten. Diesen in Frischhaltefolie einwickeln und für 1 bis 2 Stunden in den Kühlschrank legen.

3 Nach der Ruhezeit den Backofen auf 240 °C vorheizen. Den Teig etwa 3 mm dick ausrollen. Das Kuchenblech mit Backtrennpapier belegen und den Teig darauf legen. Ringsherum einen etwa 1 cm hohen, dicken Rand formen. Den Teig mit einer Gabel mehrmals einstechen.

4 Den Boden zuerst mit dem Mehl, dann mit der Hälfte des Zuckers bestreuen. Den Wein darübergießen. Den Belag mit den Butterflocken bestreuen; den Zimt und den restlichen Zucker darauf verteilen.

5 Den Kuchen im Ofen auf der zweiten Schiene von unten etwa 30 Minuten backen.

REZEPTVARIATIONEN

- **Statt des Weißweins können Sie auch Rotwein nehmen.**
- **Bei der Zubereitung des Teiges können Sie das Wasser auch durch Weißwein ersetzen. So schmeckt der Kuchen noch aromatischer.**
- **Und so wird aus dem Weinkuchen ganz schnell ein Apfelkuchen: Bereiten Sie den Teig, wie im Rezept beschrieben, zu. Geben Sie ihn in die Form, und stechen Sie ihn mit einer Gabel mehrmals ein. Dann 1 Ei mit 200 ml Apfeldicksaft (gibt es im Reformhaus oder im Bioladen), 1 Eßlöffel Zucker, 1 Teelöffel Speisestärke und 4 Eßlöffeln Sahne gut verquirlen. Diese Mischung auf den Boden gießen. Dabei darauf achten, daß der Teigrand ausreichend hoch ist. Zuletzt 2 Eßlöffel Butterflöckchen darauf setzen und den Kuchen etwa 30 Minuten bei 200 °C backen.**

SCHMANDKUCHEN

Infoblock

- Arbeitszeit: ca. 60 Minuten
- Zeit zum Gehen: ca. 50 Minuten
- Backzeit: 35–40 Minuten
- Für 1 Backblech
- Ergibt 20 Stücke
- ca. 340 kcal je Stück

Zutaten

Für den Hefeteig

200 ml Milch
500 g Weizenmehl Type 405
1 Würfel Hefe (42 g)
120 g Butter
120 g Zucker
1 Prise Salz
2 Eier

Für den Belag

1 l Milch
80 g Zucker
120 g Weizengrieß
4 Eier
1 Prise Salz
1 Päckchen Vanillezucker

Für den Guß

2 Eiweiß
2 EL Zucker
2 Eigelb
500 g Schmand oder saure Sahne

1 Die Milch lauwarm erhitzen. Das Mehl in eine Schüssel sieben und in die Mitte eine Mulde drücken. Die Hefe hineinbröckeln, die Milch dazugießen und mit der Hefe und etwas Mehl verrühren. Den Vorteig zugedeckt an einem warmen Ort etwa 25 Minuten gehen lassen.

2 Die Butter bei milder Hitze schmelzen lassen. Sie zusammen mit Zucker, Salz und den verquirlten Eiern zum Vorteig geben und alles zu einem kompakten Teig verkneten. Diesen 25 Minuten gehen lassen.

3 Das Backblech mit Backtrennpapier belegen. Den Teig auf der bemehlten Arbeitsfläche ausrollen und auf das Blech legen.

4 Für den Belag die Milch aufkochen lassen. Zucker und Grieß unter Rühren hinzufügen und alles köcheln lassen, bis ein dicker Brei entstanden ist. Den Backofen auf 200 °C vorheizen.

5 Die Eier trennen. Die Eiweiße steifschlagen. Die Eigelbe leicht verquirlen und zusammen mit dem Salz und dem Vanillezucker unter den noch warmen Grießbrei mischen. Diesen etwas abkühlen lassen, dann den Eischnee darunterziehen. Die Grießmasse auf dem Teig verteilen.

6 Für den Guß die Eiweiße zusammen mit dem Zucker zu steifem Schnee schlagen. Die Eigelbe mit dem Schmand oder der sauren Sahne verrühren. Den Eischnee vorsichtig darunterziehen.

7 Die Schmandcreme auf den Kuchen geben und glattstreichen. Den Kuchen im Ofen auf der mittleren Schiene 35 bis 40 Minuten backen.

REZEPTVARIATION

Mischen Sie etwa 100 g Rosinen, kandierte Früchte (z. B. Zitronat und Orangeat) oder kleingewürfelte Dörrpflaumen unter die Grießmasse.

PRAKTISCHER TIP

Schmand ist eine besonders fette saure Sahne mit einem Fettgehalt von 24%. Er wird oft auch unter der Bezeichnung „Saure Sahne extra“ angeboten.

PANETTONE

Infoblock

- Zeit zum Gehen: 3½–4½ Stunden
- Arbeitszeit: ca. 30 Minuten
- Backzeit: ca. 60 Minuten
- Für 2 hohe Timbaleformen (16 cm ø) oder 2 neue Tonblumentöpfe (16 cm ø) oder 1 große Panettoneform (22 cm ø)
- Ergibt insgesamt 12 Stücke
- ca. 400 kcal je Stück

Zutaten

500 g Weizenmehl Type 405
1 Würfel Hefe (42 g)
100 g Zucker
½ TL Salz
120 g Butterflocken
4 Eier
2 Eigelb
100 g Sultaninen
100 g Orangeat
100 g Zitronat
2 TL Vanillezucker
1 EL Zitronensaft
1 EL Honig
etwas Butter für die Form

1 Das Mehl in eine vorgewärmte Schüssel sieben und in die Mitte eine Mulde drücken. Die zerbröckelte Hefe, 1 Teelöffel Zucker und etwa 5 Eßlöffel lauwarmes Wasser in die Mulde geben und mit wenig Mehl verrühren. Den Vorteig etwa 20 Minuten an einem warmen Ort zugedeckt gehen lassen.

2 Danach das Salz, den restlichen Zucker, die Butterflocken und die verquirlten Eier sowie Eigelbe dazugeben. Alles zu einem glatten Teig verkneten. Die Sultaninen waschen; Orangeat und Zitronat fein hacken. Diese Zutaten zusammen mit dem Vanillezucker, dem Zitronensaft und dem Honig unter den Teig kneten.

3 Zwei hohe Timbaleformen, zwei neue Blumentöpfe aus Ton oder eine große Panettoneform mit etwas Butter ausfetten. Den Teig hineinfüllen und oben über Kreuz einschneiden. Ihn zugedeckt an einem warmen Ort in 3 bis 4 Stunden auf etwa das Doppelte aufgehen lassen.

4 Den Backofen auf 170 °C vorheizen. Den Teig nochmals über Kreuz einschneiden. Den Panettone im Ofen auf der untersten Schiene backen. Haben Sie nur 1 große Panettoneform, den Kuchen zunächst etwa 30 Minuten bei 170 °C, dann etwa 30 Minuten bei 220 °C backen. Haben Sie 2 kleinere Formen (Blumentöpfe oder Timbaleformen), den Kuchen zunächst 15 bis 20 Minuten bei 170 °C und dann etwa 15 Minuten bei 220 °C backen.

5 Den Kuchen etwas abkühlen lassen, dann aus der Form nehmen. Den völlig erkalteten Kuchen in Folie einpacken. So bleibt er lange frisch und saftig.

PRAKTISCHE TIPS

- **Wenn Sie Blumentöpfe als Backformen verwenden, müssen Sie den Topfboden mit Alufolie auskleiden, damit der Teig nicht ausläuft. Die Backzeit verlängert sich dann um 5 bis 8 Minuten.**
- **Um zu prüfen, ob der Kuchen fertig ist, sollten Sie nach der angegebenen Backzeit eine Stäbchenprobe machen (siehe Seite 8).**

REZEPTVARIATIONEN

◆ Servieren Sie den Panettone einmal eisgekühlt. Ihn dafür oben mit einem Messer etwas aushöhlen und in die Mulde cremiges Straciatellaeis füllen. Dann den Kuchen bis zum Servieren ins Tiefkühlfach stellen.

◆ Der Panettone paßt nicht nur zum Nachmittagskaffee, Sie können ihn auch als Dessert servieren. Reichen Sie ihn dann zusammen mit einer Zabaglione (italienische Weinschaumcreme).

TESSINER BROTKUCHEN

Infoblock

- Quellzeit: ca. 3 Stunden
- Arbeitszeit: ca. 60 Minuten
- Backzeit: ca. 2 Stunden
- Für 1 Springform (28 cm ø)
- Ergibt 16 Stücke
- ca. 290 kcal je Stück

Zutaten

1 l Milch, 1 Vanilleschote
250 g altbackenes Weizenmischbrot
100 g Amaretti (Mandelgebäck) oder 100 g Zwieback und 3 Tropfen Bittermandelaroma
3 Eier, 1 Prise Salz
180 g Zucker
1 TL abgeriebene Schale einer unbehandelten Zitrone
50 g Sultaninen
50 g Orangeat
50 g Zitronat
50 g Zartbitterschokolade
100 g geschälte, gemahlene Mandeln
1 Prise geriebene Muskatnuß
1 TL Zimtpulver
nach Belieben 3 Tropfen Bittermandelaroma
nach Belieben 2 EL Grappa
etwas Butter für die Form
3 EL Semmelbrösel für die Form
2 EL Pinienkerne
3 EL Butter in Flocken

1 Die Milch zusammen mit der aufgeschlitzten Vanilleschote aufkochen lassen. Inzwischen das Brot kleinschneiden und in eine große Schüssel geben. Die Milch über das Brot gießen und alles etwa 3 Stunden zugedeckt quellen lassen.

2 Anschließend die Amaretti oder die Zwiebäcke zerbröckeln, unter das Brot mischen und etwa 5 Minuten quellen lassen. (Falls Sie Zwieback genommen haben, noch 3 Tropfen Bittermandelaroma dazugeben.) Dann die Brotmasse durch ein Sieb streichen. Den Backofen auf 140 °C vorheizen.

3 Die Eier mit Salz und Zucker zu einer Creme schlagen. Die Sultaninen waschen; Orangeat und Zitronat grob hacken. Die Schokolade grob raspeln. Zitronenschale, Orangeat, Zitronat, Sultaninen, Mandeln Muskat, Zimt und Schokolade unter die Eiercreme rühren. Eventuell das Bittermandelaroma und den Grappa dazugeben.

4 Die Brotmasse mit der Eiercreme zu einer glatten Masse rühren. Die Springform dick mit Butter ausfetten und mit den Semmelbröseln ausstreuen.

5 Die Teigmasse in die Form geben. Die Pinienkerne darauf streuen und die Butterflocken darauf setzen. Den Kuchen im Ofen auf der zweiten Schiene von unten etwa 2 Stunden backen. Ihn anschließend sofort aus der Form nehmen.

REZEPTVARIATION

Anstelle des Weizenmischbrotes können Sie auch Schwarzbrot nehmen. Der Kuchen schmeckt dann noch würziger.

PRAKTISCHER TIP

Der Tessiner Brotkuchen läßt sich einige Tage aufbewahren, ohne daß er austrocknet.

WIENER GUGELHUPF

Infoblock

- **Arbeitszeit: ca. 35 Minuten**
- **Backzeit: ca. 60 Minuten**
- **Für 1 Gugelhupfform (16 cm ø)**
- **Ergibt 16 Stücke**
- **ca. 270 kcal je Stück**

Zutaten

50 g gemischte kandierte Früchte, z. B. Zitronat und Orangeat
50 g Rosinen
2 EL Rum
140 g Zucker
1 Päckchen Vanillezucker
1 Ei
3 Eigelb
6 EL Milch
1 TL Backpulver
250 g Weizenmehl Type 405
140 g Butter, 1 Prise Salz
3 Eiweiß
etwas Butter für die Form
200 g Zartbitter-Schokoladenglasur aus dem Beutel

1 Den Backofen auf 180 °C vorheizen. Die kandierten Früchte und die Rosinen zusammen in dem Rum einlegen. Inzwischen Ei, Eigelbe, Zucker und Vanillezucker zusammen zu einer Creme verschlagen.

2 Die Butter bei milder Hitze schmelzen lassen. Mehl und Backpulver mischen und durchsieben. Die Milch und das mit dem Backpulver gemischte Mehl abwechselnd unter die Eiercreme rühren. Dann die lauwarme, flüssige Butter darunterrühren.

3 Die eingelegten Früchte abtropfen lassen und unter die Teigmasse mischen. Die Eiweiße zusammen mit dem Salz sehr steif schlagen und locker darunterziehen.

4 Die Gugelhupfform ausfetten und die Masse hineinfüllen. Den Kuchen im Ofen auf der untersten Schiene etwa 60 Minuten backen.

5 Den fertigen Kuchen aus dem Ofen nehmen, 2 bis 3 Minuten abkühlen lassen und dann auf ein Kuchengitter stürzen.

6 Die Schokoladenglasur nach Packungsanweisung im heißen Wasserbad schmelzen lassen. Sie dann über den Kuchen träufeln und glattstreichen. Die Glasur fest werden lassen.

REZEPTVARIATION

Statt mit der Schokoladenglasur können Sie den Gugelhupf auch mit einer Orangenglasur überziehen. Dafür den Kuchen zunächst mit 100 g unter Rühren erhitzter und durch ein Sieb gestrichener Orangenmarmelade bestreichen. Diese fest werden lassen. Dann 150 g Puderzucker mit dem Saft von ½ oder 1 Orange glattrühren, so daß eine dickflüssige Zuckerglasur entsteht. Diese auf den Gugelhupf träufeln und glattstreichen.

Russischer Quarkkuchen

Infoblock

- Arbeitszeit: ca. 40 Minuten
- Ruhezeit: ca. 2 Stunden
- Backzeit: ca. 35 Minuten
- Für 1 Springform (28 cm ø)
- Ergibt 16 Stücke
- ca. 200 kcal je Stück

Zutaten

Für den Mürbeteig

240 g Weizenmehl Type 405
120 g Butter
1 Ei
1 Prise Salz

Für den Belag

2 Eigelb
3 EL Zucker
3 TL abgeriebene Schale einer unbehandelten Zitrone
350 g Magerquark
100 g Sahnequark
200 g saure Sahne
1 TL Speisestärke
1 EL Milch
100 g Sultaninen
3 Eiweiß

1 Für den Teig das Mehl auf eine Arbeitsfläche sieben, in die Mitte eine Mulde drücken und die Butter in kleinen Flöckchen hineingeben. Das Ei, Salz und etwa 4 Eßlöffel Wasser dazugeben und alles rasch zu einem glatten Teig verkneten. Diesen zu einer Kugel formen, in Frischhaltefolie einwickeln und für etwa 2 Stunden in den Kühlschrank legen.

2 Nach der Ruhezeit die Springform mit Backtrennpapier auslegen. Den Teig etwa 3 mm dick ausrollen und in die Form legen. Den Backofen auf 240 °C vorheizen.

3 Für den Belag Eigelbe, Zucker und Zitronenschale zusammen schaumig schlagen. Den Quark und die saure Sahne sehr sorgfältig darunterrühren.

4 Die Speisestärke mit der Milch glattrühren. Die Sultaninen waschen und trockentupfen. Beides unter die Quarkcreme rühren. Die Eiweiße steifschlagen und vorsichtig unter die Creme ziehen.

5 Die Quarkcreme auf dem Teig verteilen. Den Kuchen im Ofen auf der zweiten Schiene von unten etwa 35 Minuten backen.

Rezeptvariation

Diesen Kuchen können Sie auch mit Blätterteig (etwa 300 g) zubereiten. Sie sollten ihn dann allerdings sofort nach dem Auskühlen servieren, damit er nicht durchweicht.

Beilagentip

Servieren Sie zu diesem Kuchen eine selbstgemachte Himbeersauce. Dafür 500 g Himbeeren verlesen, kurz waschen, abtropfen lassen und zusammen mit 2 bis 3 Eßlöffeln Zucker mit einem Löffel zerdrücken. Die Mischung etwa 1 Stunde zugedeckt im Kühlschrank ruhen lassen. Zuletzt die Sauce durch ein feines Sieb streichen, um die Kerne zu entfernen.

APFELKUCHEN NACH WIENER ART

Infoblock

- **Arbeitszeit: ca. 50 Minuten**
- **Ruhezeit: ca. 2 Stunden**
- **Backzeit: ca. 25 Minuten**
- **Für 1 Springform (24 cm ø)**
- **Ergibt 12 Stücke**
- **ca. 240 kcal je Stück**

Zutaten

Für den Mürbeteig

240 g Weizenmehl Type 405
120 g Butter
1 Ei
1 Prise Salz

Für den Belag

500 g feste Äpfel,
z. B. Delicious
75 g Zucker
1 EL Zitronensaft
125 g saure Sahne
100 g Puderzucker
½ TL Zimtpulver

1 Für den Teig das Mehl auf eine Arbeitsfläche sieben, in die Mitte eine Mulde drücken und die Butter in kleinen Flocken hineingeben. Das Ei, Salz und etwa 4 Eßlöffel Wasser dazugeben und alles rasch zu einem glatten Teig verkneten. Diesen zu einer Kugel formen, in Frischhaltefolie einwickeln und für etwa 2 Stunden in den Kühlschrank legen.

2 Inzwischen die Äpfel schälen, entkernen und in etwa 1 cm dicke Spalten schneiden. Diese zusammen mit dem Zucker und dem Zitronensaft in einen Topf geben und bei mittlerer Hitze unter Rühren aufkochen lassen, bis der Zucker schmilzt. Die Äpfel dann bei milder Hitze 5 bis 10 Minuten weiterköcheln lassen. Sie sollten dabei nicht zerfallen. Die Äpfel erkalten lassen.

3 Den Backofen auf 200 °C vorheizen. Die Springform mit Backtrennpapier auslegen. Den Teig ausrollen, in die Form legen und ringsherum einen etwa 3 cm breiten Rand hochziehen.

4 Die Äpfel auf dem Teigboden verteilen. Die saure Sahne mit dem Puderzucker und dem Zimt glattrühren und über die Äpfel gießen. Den Kuchen im Ofen auf der zweiten Schiene von unten etwa 25 Minuten backen.

REZEPTVARIATIONEN

- **Wenn Sie Birnen mögen, können Sie nach dem gleichen Rezept auch einen Birnenkuchen backen.**
- **Lassen Sie den Saure-Sahne-Zimt-Guß weg, und bestreuen Sie die Äpfel nur mit 50 g Puderzucker. Dann den Kuchen, wie im Rezept beschrieben, backen. Anschließend 4 Eßlöffel Calvados erhitzen, in eine feuerfeste Schöpfkelle geben, anzünden und brennend über die Äpfel gießen.**

BEILAGENTIPS

Zu diesem Kuchen schmecken Vanilleeis und Schlagsahne sehr gut.

TARTE TATIN

Infoblock

- **Arbeitszeit: ca. 45 Minuten**
- **Ruhezeit: 1–2 Stunden**
- **Backzeit: 35–40 Minuten**
- **Für 1 Kuchenblech (24 cm ø)**
- **Ergibt 12 Stücke**
- **ca. 220 kcal je Stück**

Zutaten

Für den geriebenen Teig

200 g Weizenmehl Type 405
100 g Butter
1 Prise Salz
etwas Butter für die Form

Für den Belag

120 g Zucker
750 g Äpfel, z. B. Jonathan
50 g Butterflöckchen

1 Für den Teig das Mehl auf eine Arbeitsfläche sieben. Die Butter in Flocken darauf geben und mit dem Mehl zu feinen Krümeln zerreiben. Dann eine Mulde formen.

2 Das Salz in 3 bis 4 Eßlöffeln Wasser auflösen, in die Mulde geben und alles rasch zu einem glatten Teig verkneten. Diesen in Frischhaltefolie einwickeln und für 1 bis 2 Stunden in den Kühlschrank legen.

3 Nach der Ruhezeit für den Belag 100 g des Zuckers zusammen mit 1 Eßlöffel Wasser in einem Topf hellbraun karamelisieren lassen. Den Karamel danach sofort auf das gefettete Kuchenblech gießen und gleichmäßig darin verteilen. Ihn dann fest werden lassen.

4 Den Backofen auf 220 °C vorheizen. Die Äpfel schälen, halbieren, entkernen und jede Hälfte in drei gleich große Spalten schneiden. Die Hälfte davon mit den gewölbten Seiten nach unten kranzförmig auf den Karamel legen und mit 1 Eßlöffel Zucker bestreuen.

5 Die restlichen Apfelspalten mit den Wölbungen nach oben zwischen die anderen Spalten legen und mit 1 Eßlöffel Zucker bestreuen. Die Butterflöckchen auf die Äpfel geben.

6 Den Teig etwa 3 mm dick auf 30 cm ø ausrollen. Ihn dann auf die Äpfel legen und ringsherum bis zum Boden des Bleches herunterdrücken, damit der Kuchen später einen Teigrand hat.

7 Den Kuchen im Ofen auf der mittleren Schiene 35 bis 40 Minuten backen. Sollte der Teig zu schnell braun werden, ihn mit einem Stück Alufolie abdecken.

8 Den Kuchen anschließend aus dem Ofen nehmen, 3 bis 4 Minuten ruhen lassen und dann auf eine runde Platte stürzen.

REZEPTVARIATION

Anstelle der Äpfel können Sie auch Birnen oder Aprikosen verwenden.

ENGLISCHER FRUCHTCAKE

Infoblock

- Arbeitszeit: ca. 55 Minuten
- Backzeit: ca. 85 Minuten
- Für 1 Kastenform (25 cm lang)
- Ergibt 16 Stücke
- ca. 460 kcal je Stück

Zutaten

Für die Cakemasse

250 g weiche Butter
200 g Zucker
¼ TL Salz
½ EL abgeriebene Schale einer unbehandelten Zitrone
4 Eier
250 g Weizenmehl Type 405
200 g Sultaninen
200 g kandierte Früchte, z. B. Orangeat und Zitronat
4–5 EL Rum
80 g Mandelstifte

Für die Biskuitmasse

4 Eigelb
50 g Zucker
1 Prise Salz
3 Eiweiß
60 g Weizenmehl Type 405
40 g Mandelblättchen

Für die Glasur

125 g Aprikosenkonfitüre
40 g Zucker
2 EL Zitronensaft

1 Den Backofen auf 180 °C vorheizen. Für die Cakemasse die Butter in kleine Stücke schneiden und zusammen mit Zucker, Salz und Zitronenschale schaumig rühren. Die Eier einzeln dazugeben und sorgfältig darunterrühren. 250 g Mehl löffelweise daruntermischen.

2 Die Sultaninen kurz in heißem Wasser waschen und gut abtropfen lassen. Sie dann mit den kandierten Früchten, dem Rum, den Mandeln und den restlichen 30 g Mehl gut mischen. Alles mit einem Holzlöffel unter die Cakemasse ziehen.

3 Die Kastenform mit Backtrennpapier auslegen und die Masse hineinfüllen. Den Cake im Ofen auf der untersten Schiene 70 bis 75 Minuten backen. Ihn anschließend einige Minuten in der Form abkühlen lassen und dann auf ein Kuchengitter stürzen. Den Backofen auf 200 °C hochschalten.

4 Für die Biskuitmasse die Eigelbe mit der Hälfte des Zuckers und dem Salz cremig rühren. Die Eiweiße mit dem restlichen Zucker zu Schnee schlagen und die Eigelbcreme darunterziehen. Das Mehl darübersieben und vorsichtig unterheben.

5 Die Unterseite eines Backbleches mit Backtrennpapier belegen. Die Biskuitmasse gleichmäßig darauf streichen, mit den Mandeln bestreuen und im Ofen auf der mittleren Schiene 6 bis 8 Minuten backen. Den Biskuit dann etwas abkühlen lassen und das Backtrennpapier abziehen.

6 Die Aprikosenkonfitüre zusammen mit dem Zucker, 5 Eßlöffeln Wasser und dem Zitronensaft etwa 4 Minuten unter Rühren kochen lassen. Dann durch ein Sieb streichen.

7 Den Biskuit passend zur Cakegröße zuschneiden (Cakelänge mal 4fache Cakebreite). Die Aprikosenkonfitüre auf den Biskuit streichen und den Cake darin fest einrollen. Den Cake auf einem Kuchengitter auskühlen lassen.

REZEPTVARIATION

Sie können die Mandelbiskuithülle auch weglassen und den Kuchen stattdessen mit einer Schokoladenglasur (200 g) überziehen.

CAKE MIT KANDIERTEN FRÜCHTEN

Infoblock

- **Arbeitszeit: ca. 30 Minuten**
- **Backzeit: 40–45 Minuten**
- **Für 1 Kastenform (½ l Inhalt)**
- **Ergibt ca. 6 Stücke**
- **ca. 380 kcal je Stück**

Zutaten

100 g Butter
2 kleine Eier
100 g Zucker
2 EL Sahne
100 g Weizenmehl Type 405
1 Prise Salz
½ TL Backpulver
1 TL Zitronensaft
½ TL abgeriebene Schale einer unbehandelten Zitrone
1 EL Rum
1 EL Sultaninen
75 g gemischte kandierte Früchte, z. B. Zitronat und Orangeat
etwas Butter für die Form
etwas Puderzucker zum Bestäuben

1 Den Backofen auf 180 °C vorheizen. Die Butter bei milder Hitze schmelzen lassen. Die Eier zusammen mit dem Zucker zu einer hellen Creme verschlagen. Die flüssige Butter und die Sahne darunterrühren.

2 Mehl, Salz und Backpulver mischen, durchsieben und nach und nach unter die Eiercreme rühren. Den Zitronensaft und die -schale sowie den Rum daruntermischen.

3 Die Sultaninen und die gehackten kandierten Früchte mit etwas Mehl bestäuben und unmittelbar vor dem Backen unter den Teig ziehen.

4 Die Kastenform ausfetten und die Teigmasse hineinfüllen. Die Form mit einem gefalteten feuchten Tuch unterlegen und mehrmals auf den Tisch stoßen, damit sich der Teig gleichmäßig darin verteilt.

5 Den Kuchen im Ofen auf der zweiten Schiene von unten 40 bis 45 Minuten backen. Ihn dann kurz abkühlen lassen, aus der Form nehmen und nach dem Erkalten mit etwas Puderzucker bestäuben.

REZEPTVARIATIONEN

- **Den Zitronensaft und die -schale können Sie durch die gleiche Menge Orangensaft und -schale ersetzen. Nehmen Sie dann statt der gemischten kandierten Früchte nur Orangeat (kandierte Orangenschale).**
- **Hübsch sieht es aus, wenn Sie den Kuchen mit einer Glasur aus Puderzucker und Orangensaft überziehen. Ihn dann aber vorher nicht mit Puderzucker bestäuben.**

PRAKTISCHE TIPS

- **Falls Sie keine so kleine Backform haben, können Sie statt dessen auch eine in der Größe passende Pasteten- oder Auflaufform nehmen.**
- **Dieser Kuchen läßt sich sehr gut einfrieren. Packen Sie ihn dafür fest in Alufolie ein. Zum Auftauen braucht er bei Zimmertemperatur etwa 1 Stunde.**

GEFÜLLTER SAVARIN

Infoblock

- Arbeitszeit: ca. 40 Minuten
- Zeit zum Gehen: ca. 35 Minuten
- Backzeit: 12–15 Minuten
- Für 1 Ringform (18 cm ø)
- Ergibt ca. 8 Stücke
- ca. 240 kcal je Stück

Zutaten

Für den Hefeteig

3 EL Milch
¼ Würfel Hefe (ca. 10 g)
2½ TL Zucker
4 EL Butter
1 großes Ei
125 g Weizenmehl Type 405
1 Prise Salz
etwas Butter für die Form

Zum Beträufeln und Glasieren

100 g Zucker
6 EL Rum
100 g Aprikosenkonfitüre

Zum Füllen

125 g Sahne
1 Päckchen Vanillezucker
1 EL Zucker

1 Für den Teig die Milch lauwarm erhitzen. Die zerbröckelte Hefe in 2 Eßlöffeln der Milch auflösen. Dann die restliche Milch, den Zucker, die in Stücke geschnittene Butter und das Ei dazugeben und alles gut verrühren.

2 Das durchgesiebte Mehl und das Salz hinzufügen und alles zu einem glatten Teig verkneten. Diesen etwa 15 Minuten zugedeckt an einem warmen Ort gehen lassen. Den Teig in dieser Zeit 2 bis 3 mal durchkneten.

3 Den Backofen auf 200 °C vorheizen. Den Teig in die ausgefettete Ringform geben und nochmals etwa 20 Minuten zugedeckt gehen lassen. Er sollte dabei bis zum Rand hochgehen.

4 Den Kuchen im Ofen auf der zweiten Schiene von unten 12 bis 15 Minuten backen. Dann eine Nadelprobe machen. Wenn die Nadel sauber aus dem Teig kommt, ist der Kuchen fertig. Wenn nicht, den Kuchen noch 5 Minuten weiterbacken.

5 Den Kuchen kurz abkühlen lassen und dann aus der Form nehmen. Zum Beträufeln 6 Eßlöffel Wasser zusammen mit dem Zucker sirupartig einkochen lassen.

6 Den Savarin mit zwei Dritteln des Sirups tränken. Den restlichen Sirup mit dem Rum mischen und den Kuchen mit dieser Mischung beträufeln.

7 Die Aprikosenkonfitüre unter Rühren erwärmen und durch ein Sieb streichen. Den Savarin damit glasieren.

8 Die Sahne zusammen mit dem Vanillezucker und dem Zucker steifschlagen. Den Savarin damit füllen.

REZEPTVARIATIONEN

- **Sie können den Savarin auch mit kleingeschnittenen Früchten oder gemischten Beeren füllen. Reichen Sie dann eine Vanillesauce dazu.**
- **Wenn Kinder mitessen, sollten Sie den Rum durch Fruchtsaft oder Rumaroma ersetzen.**

PRAKTISCHE TIPS

◆ Wenn Ihnen das Beträufeln zu mühsam ist, tauchen Sie den Savarin einfach vorsichtig kopfüber in den Sirup, dann mit dem Rum beträufeln.

◆ Sollte der Savarin nach dem Backen nicht aus der Form gehen, ihn kurz in Alufolie einwickeln. Durch den eingeschlossenen Dampf löst sich der Kuchen dann nach einiger Zeit prima aus der Form.

SCHOKO-NUSS-KUCHEN

Infoblock

- **Arbeitszeit: ca. 40 Minuten**
- **Backzeit: ca. 40 Minuten**
- **Für 1 Springform (16 cm ø)**
- **Ergibt 6 Stücke**
- **ca. 440 kcal je Stück**

Zutaten

Für die Teigmasse

100 g gemahlene Haselnüsse
70 g Zartbitterschokolade
2 Eier
70 g Zucker
etwas Butter für die Form
etwas gemahlene Haselnüsse zum Ausstreuen

Zum Füllen und Garnieren

250 g Sahne
1 Päckchen Sahnesteif
1 EL Zucker
30 g Zartbitterschokolade

1 Die Haselnüsse in einer Pfanne ohne Fettzugabe hellbraun rösten. Dabei darauf achten, daß sie gleichmäßig braun werden.

2 Die Schokolade im heißen Wasserbad schmelzen lassen. Die Eier zusammen mit dem Zucker zu einer hellen Creme schlagen.

3 Den Backofen auf 170 °C vorheizen. Die Eicreme mit der flüssigen Schokolade und den Haselnüssen gut verrühren.

4 Die Springform ausfetten und mit etwas Haselnüssen ausstreuen. Die Teigmasse hineinfüllen.

5 Den Kuchen im Ofen auf der zweiten Schiene von unten etwa 40 Minuten backen. Wenn die Oberfläche zu schnell dunkel wird, sie mit Alufolie abdecken.

6 Den Kuchen kurz abkühlen lassen, aus der Form nehmen und erkalten lassen. Ihn dann mit einem großen Messer oder mit einem Zwirnsfaden einmal horizontal durchschneiden.

7 Die Sahne zusammen mit dem Sahnesteif schlagen und mit dem Zucker süßen. Die Hälfte der Sahne auf den unteren Boden geben. Den oberen Teil vorsichtig darauf setzen und den Kuchen mit der restlichen Sahne bestreichen.

8 Die Schokolade grob reiben und die Kuchenoberseite damit bestreuen.

REZEPTVARIATION

Beträufeln Sie den unteren Kuchenboden vor dem Bestreichen mit etwas Kirschwasser.

PRAKTISCHE TIPS

- **Sie können den Kuchenboden einige Tage in Alufolie eingewickelt aufbewahren. Er läßt sich aber auch gut einfrieren.**
- **So bekommt man besonders hübsche Schokospäne: Die Schokolade mit einem Sparschäler in feinen Streifen von der Schokoladentafel abschälen.**

KAROTTENKUCHEN

Infoblock

- Arbeitszeit: ca. 40 Minuten
- Backzeit: ca. 50 Minuten
- Für 1 Springform (16 cm ø)
- Ergibt 8 Stücke
- ca. 290 kcal je Stück

Zutaten

Für die Teigmasse

2 große Eigelbe
1 TL abgeriebene Schale einer unbehandelten Zitrone
130 g Zucker
150 g Karotten
150 g gemahlene Mandeln
2 EL Speisestärke oder Mehl
½ TL Zimtpulver
1 Prise Nelkenpulver
½ TL Backpulver
1 Prise Salz
nach Belieben 1 EL Kirschwasser oder Rum
2 große Eiweiße
etwas Butter für die Form

Für die Glasur

2 EL Aprikosenkonfitüre
70 g Puderzucker
2 EL Zitronensaft

1 Die Eigelbe zusammen mit der Zitronenschale und dem Zucker zu einer sämigen Creme schlagen.

2 Die Karotten putzen, schälen und fein reiben. Sie dann sofort zusammen mit den Mandeln unter die Eiercreme ziehen.

3 Die Speisestärke oder das Mehl sowie Zimt, Nelkenpulver, Backpulver und Salz unter die Masse ziehen. Das Kirschwasser oder den Rum hinzufügen.

4 Den Backofen auf 190 °C vorheizen. Die Eiweiße steifschlagen und unter die Teigmasse ziehen.

5 Die Teigmasse in die ausgefettete Form füllen. Den Kuchen im Ofen auf der zweiten Schiene von unten etwa 50 Minuten backen.

6 Den Kuchen kurz abkühlen lassen und dann aus der Form nehmen. Die Konfitüre unter Rühren erwärmen und durch ein Sieb streichen. Den noch lauwarmen Kuchen damit bestreichen.

7 Für die Glasur den Puderzucker mit dem Zitronensaft glattrühren. Kuchenoberfläche und -ränder damit bestreichen und die Glasur fest werden lassen.

REZEPTVARIATIONEN

- **Statt des Zitronensaftes können Sie für die Glasur auch Kirschwasser oder Rum nehmen.**
- **Hübsch sieht es aus, wenn Sie den Kuchen mit kleinen Marzipankarotten (gibt es beim Konditor) verzieren. Setzen Sie diese bitte auf die noch feuchte Zuckerglasur, dann haften sie später besser.**
- **Wer das Einfache liebt, bestäubt den gebackenen Kuchen nur mit etwas Puderzucker.**

PRAKTISCHER TIP

Dieser Kuchen bleibt durch die darin enthaltenen Karotten lange frisch und saftig. Sie können ihn aber auch einfrieren. Lassen Sie dann die Glasur weg, und überziehen Sie den Kuchen erst nach dem Auftauen (bei Zimmertemperatur) damit.

ENGADINER NUSSKUCHEN

Infoblock

- **Arbeitszeit: ca. 45 Minuten**
- **Ruhezeit: ca. 20 Minuten**
- **Backzeit: ca. 50 Minuten**
- **Für 1 Springform (16–18 cm ø)**
- **Ergibt 8 Stücke**
- **ca. 460 kcal je Stück**

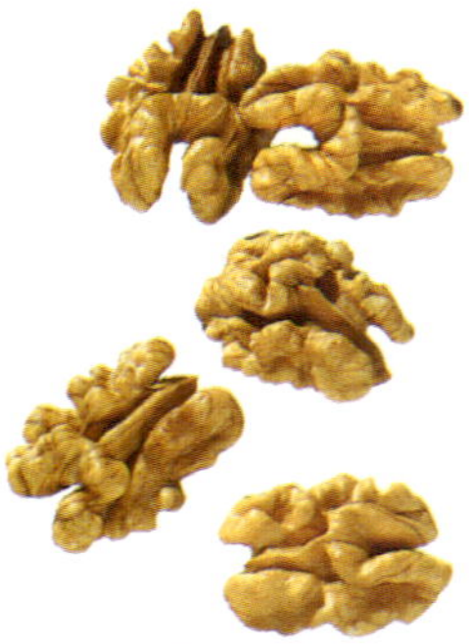

Zutaten

Für den Teig

150 g Weizenmehl Type 405
100 g Butter
1 Prise Salz
70 g Zucker
1 kleines Ei
etwas Butter für die Form

Für die Füllung

150 g Zucker
120 g Walnußkernhälften (ganz oder grob gehackt)
125 g Sahne
½ EL Honig
1 EL Johannisbeergelee

1 Das Mehl, die kleingeschnittene Butter, das Salz und den Zucker zusammen in eine vorgekühlte Schüssel geben. In die Mitte eine Mulde drücken.

2 Das verquirlte Ei in die Mulde geben und alles mit kühlen Händen sehr rasch zu einem Teig verkneten. Diesen etwa 20 Minuten zugedeckt im Kühlschrank ruhen lassen.

3 Inzwischen für die Füllung den Zucker in eine trockene Pfanne geben. Ihn darin bei mittlerer Hitze ohne Wasserzugabe unter Rühren hellbraun karamelisieren lassen. Die Walnüsse dazugeben und 2 bis 3 Minuten mitrösten.

4 Die Sahne zu den Nüssen geben und gut rühren. Sobald sich der Zucker aufgelöst hat, den Honig daruntermischen.

5 Zwei Drittel des Teiges etwa 3 mm dick ausrollen und in die ausgefettete Springform legen. Dabei ringsherum einen etwa 5 cm hohen Rand formen.

6 Den Backofen auf 180 °C vorheizen. Den Teigboden mit dem Johannisbeergelee bestreichen und die Nußfüllung gleichmäßig darauf verteilen.

7 Aus dem restlichen Teig einen Kreis in der Größe der Springform ausrollen. Den Rand des Teigbodens leicht über die Füllung nach innen biegen und mit wenig Wasser befeuchten. Den Teigdeckel darauf legen und mit dem Rand des Bodens zusammendrücken.

8 Den Teigdeckel mit einer Gabel mehrmals einstechen. Den Kuchen dann im Ofen auf der zweiten Schiene von unten etwa 50 Minuten backen. Er darf nicht dunkel werden, ihn daher gegen Ende der Backzeit vorsichtshalber mit Alufolie abdecken.

BEILAGENTIPS

Servieren Sie zu diesem feinen Nußkuchen Schlagsahne, Vanille- oder Nußeis.

REZEPTVARIATIONEN

- **Bestreichen Sie die Kuchenoberfläche vor dem Backen mit 1 verquirltem Eigelb, so bekommt sie eine schöne goldgelbe Farbe.**
- **Nussiger schmeckt der Kuchen, wenn Sie das Johannisbeergelee weglassen.**

SAHNEKUCHEN

Infoblock

- Arbeitszeit: ca. 40 Minuten
- Zeit zum Gehen: ca. 40 Minuten
- Backzeit: 30–35 Minuten
- Für 1 Kuchenblech (20 cm ø)
- Ergibt 8 Stücke
- ca. 210 kcal je Stück

Zutaten

ca. 150 ml Milch
200 g Weizenmehl Type 405
⅛ Würfel Hefe (ca. 5 g)
2 EL Butter
¼ TL Salz
etwas Butter für das Blech
10 Stück Würfelzucker
125 g Sahne
2 EL grober Zucker

1 Die Milch lauwarm erhitzen. Das Mehl in eine Schüssel sieben und in die Mitte eine Mulde drücken. Die Hefe in 50 ml der lauwarmen Milch auflösen und in die Mulde geben.

2 Die Butter in Flöckchen und das Salz in der restlichen lauwarmen Milch auflösen. Diese Mischung ebenfalls in die Mulde geben. Alles rasch zu einem weichen Teig verkneten. Wenn der Teig zu fest ist, noch etwas lauwarme Milch dazugeben.

3 Den Teig zugedeckt an einem warmen Ort etwa 30 Minuten gehen lassen Er sollte dabei auf das Doppelte aufgehen.

4 Den Teig dann auf Blechgröße ausrollen, auf das ausgefettete Blech legen und ringsherum einen Rand hochziehen. Den Teig mit einem nassen Tuch zudecken und nochmals etwa 10 Minuten gehen lassen. Den Backofen auf 200 °C vorheizen.

5 Den Teig mit einer Gabel mehrmals einstechen und mit dem Finger kleine Vertiefungen hineindrücken. Die Würfelzuckerstücke halbieren und in die Mulden geben.

6 Die Sahne auf den Teig gießen und ihn mit dem groben Zucker bestreuen. Den Kuchen im Ofen auf der zweiten Schiene von unten 30 bis 35 Minuten backen.

REZEPTVARIATIONEN

- **Gehaltvoller wird der Kuchen, wenn Sie ihn folgendermaßen zubereiten: Für den Teig 1 Eßlöffel Butter mehr nehmen und 1 Ei hinzufügen. Den Würfelzucker mit einem Nudelholz grob zerkleinern und auf den Teig streuen. Die Sahne mit 1 Eigelb verquirlen und darauf gießen. Dann noch 1 Eßlöffel Butter in Flocken darauf setzen und den Kuchen wie im Rezept angegeben backen.**
- **Das Rezept läßt sich auch in einen Zimtkuchen abwandeln. Dafür 2 Eßlöffel Butter in Flöckchen in den ausgerollten Teig stecken. Die Sahne darübergießen, 10 Stücke Würfelzucker grob zerkleinern und darüberstreuen. Zuletzt etwas Zimtpulver darauf streuen und den Kuchen wie im Rezept beschrieben backen.**
- **Dieser Kuchen schmeckt lauwarm am besten. Sie können ihn aber auch vor dem Servieren aufbacken.**
- **Bei Hefeteig lohnt es sich, die doppelte Menge zuzubereiten (alle Zutatenmengen für den Teig verdoppeln) und dann die Hälfte davon für später einzufrieren.**

FEINER MANDELKUCHEN

Infoblock

- **Arbeitszeit: ca. 45 Minuten**
- **Ruhezeit: ca. 60 Minuten**
- **Backzeit: ca. 40 Minuten**
- **Für 1 Springform (16 cm ø)**
- **Ergibt 8 Stücke**
- **ca. 330 kcal je Stück**

Zutaten

Für den Teig

100 g Weizenmehl Type 405
1 Prise Salz
½ TL Backpulver
3 EL Zucker
50 g kalte Butter
½ Ei
1½ EL Sahne
etwas Butter für die Form

Für den Belag

1½ Eigelb
40 g Zucker
1½ Eiweiß
150 g gemahlene Mandeln
½ TL Bittermandelaroma
3 EL Sahne
50 g Preiselbeerkonfitüre

1 Für den Teig das Mehl mit Salz und Backpulver mischen und auf die Arbeitsfläche sieben. In die Mitte eine Mulde drücken.

2 Den Zucker, die in kleine Stücke geschnittene Butter, das verquirlte halbe Ei und die Sahne in die Muldenmitte geben. Alles rasch zu einem glatten Teig verkneten. Diesen etwa 60 Minuten zugedeckt im Kühlschrank ruhen lassen.

3 Anschließend für den Belag die Eigelbe zusammen mit 1 Eßlöffel lauwarmem Wasser schaumig schlagen. Etwa 30 g Zucker hinzufügen und weiterschlagen, bis eine weißliche Creme entsteht.

4 Den Backofen auf 200 °C vorheizen. Mandeln, Bittermandelaroma und Sahne unter die Eiercreme mischen. Die Eiweiße zusammen mit dem restlichen Zucker steifschlagen. Den Eischnee sorgfältig unter die Mandelmasse ziehen.

5 Die Springform mit der Butter ausfetten. Den Teig ausrollen und die Form damit auslegen. Ringsherum einen etwa 4 cm breiten Rand hochziehen. Den Teig mit der Konfitüre bestreichen. Die Mandelmasse in die Form geben und mit einem Löffel glattstreichen.

6 Den Kuchen im Ofen auf der mittleren Schiene etwa 10 Minuten mit Unterhitze backen. Dann die Temperatur auf 180 °C reduzieren und den Kuchen weitere 30 Minuten mit Ober- und Unterhitze backen.

REZEPTVARIATIONEN

- **Die Preiselbeerkonfitüre können Sie durch engliche Orangenmarmelade ersetzen.**
- **Der Kuchen läßt sich prima füllen. Ihn dazu nach dem Erkalten einmal horizontal durchschneiden. Die untere Hälfte mit 4 Eßlöffeln Preiselbeerkonfitüre bestreichen und den Deckel wieder darauf setzen. Zuletzt den Kuchen mit etwas Puderzucker bestäuben.**
- **Besonders fein wird der Kuchen, wenn Sie geschälte gemahlene Mandeln verwenden. Falls Sie keine bekommen können, überbrühen Sie 150 g ganze ungeschälte Mandeln, ziehen Sie dann die sich leicht lösende Haut mit einem Messer ab, und mahlen Sie die Mandeln sehr fein.**

BÄRENSTARKE KINDERPARTY

In diesem Kapitel zeigen wir Ihnen, wie Sie Ihr Kind und seine kleinen Gäste mit einer pfiffigen Kuchentafel überraschen können.

Die Teddybären, die Lieblinge eines jeden Kindes, stehen dabei im Mittelpunkt des Geschehens. Witzige Vorschläge für die Tischdekoration zeigen, wie sich die kleinen Kuscheltiere gekonnt in Szene setzen lassen.

Ein gut durchdachter Organisationsplan hilft bei Planung und Durchführung des Festes, damit Sie es ohne Streß genießen können.

Und das wird serviert

Schokoladenbären
Schmandkuchen
Aprikosen-Mandel-Kuchen

Nach Wahl:
Bäriger Beerensaft
Heiße Schokolade
Fruchtiger Milchshake
Eisgekühlter Bärentee

Peter

Bäriges Fest für kleine Schleckermäuler

Essen und Trinken – beides muß stimmen

Hereinspaziert! Die Küche hat heute frei, die heimische Konditorei öffnet ihre Pforten und zeigt ihre süßen Geheimnisse.

Dieses Kapitel ist den kleinen Geburtstagsgästen gewidmet, den „Dreikäsehochs“, die in Punkto Essen Gourmet (Feinschmecker) und Gourmand (Vielfraß) in sich vereinen. Feinschmecker, weil sie ganz bestimmte Vorstellungen von ihrem süßen Geschmackserlebnis haben und weil sie nicht zum Essen zu überreden sind, wenn sie das Aussehen der Kuchen nicht überzeugen kann. Ja und Gourmands, weil ihre Augen bekanntlich größer sind als ihr Bauch.

Der im folgenden beschriebene Bärengeburtstag ist für insgesamt 6 Kinder gedacht. Aus dem Rezeptteil dieses Buches haben wir für das Fest 3 Kuchen ausgewählt (siehe Seite 120), um ausreichend Abwechslung auf die Tafel zu bringen. Falls Kuchenreste übrig bleiben, können Sie diese entweder den Kindern am Ende des Festes mitgeben oder sie gut gekühlt für den eigenen Bedarf aufbewahren. Auf den Seiten 124 und 125 finden Sie des weiteren 4 Vorschläge für geeignete Getränke, aus denen Sie die passenden auswählen können. Eisgekühltes eignet sich z. B. am besten für einen Sommergeburtstag; die heiße Schokolade ist eher etwas für kältere Tage.

Die Tischdekoration

Jede Kindergeburtstagsfeier lebt nicht vom Essen und von den Spielen allein. Auch das „Drumherum“, sprich die Dekoration, muß stimmen. Daher finden Sie nachfolgend einen bärenstarken Dekorationsvorschlag für die Kuchentafel, der Ihr Kind und seine Gäste mit Sicherheit begeistern wird:

Decken Sie den Tisch mit einer roten Lack- oder Einmaltischdecke und weißem Geschirr ein. Das bringt gleich Farbe ins Spiel, die bei Kindern ganz wichtig ist. Alternativ zu den sonst üblichen Tischkärtchen haben wir uns etwas ganz Besonderes einfallen lassen. Und so wird's gemacht: Schreiben Sie die Namen der Geburtstagsgäste mit farbiger Zuckerglasur (aus der Tube) auf die Ränder der weißen Teller. Mit ruhiger Hand und gleichmäßigem Druck auf die Tube ist das kein Problem. Dann die Zuckerschrift gut trocknen lassen. Auf jeden Teller legt man anschließend einen selbstgebackenen Schokoladenbären (siehe Rezeptvariation, Seite 42) und stellt die Teller auf den Tisch. Daneben kommt jeweils eine Papierserviette mit Bärenmotiv, eine Kuchengabel und natürlich eine Tasse bzw. ein Glas (je nachdem, welche Getränke Sie servieren möchten). Zum Schluß stellen Sie die schon aufgeschnittenen Kuchen auf den Tisch und streuen viele bunte Gummibärchen in verschiedenen Größen über die ganze Tafel.

Wenn es Ihr Geldbeutel zuläßt, können Sie jedem Geburtstagsgast noch einen kleinen Plüschteddy neben den Teller legen – sozusagen als kleines Präsent.

Tips rund um das Fest

◆ Im Gegenteil zu uns Erwachsenen reagieren Kinder in allen Lebenslagen sehr spontan. Aus ihrer Sicht würde es reichen, wenn die Einladung zum Geburtstagsfest erst 3 Tage vor dem großen Tag verteilt wird. Bedenken Sie aber, daß das geplante Fest einige Wochen Vorplanung benötigt, damit Sie am Partytag alles fest im Griff haben (siehe dazu auch den Organisationsplan).

◆ Damit während der Feier später nicht alles drunter und drüber geht, sollten Sie Ihr Kind davon überzeugen, daß es nicht die ganze Kindergartengruppe oder Schulklasse einladen kann. Man rechnet am günstigsten das Geburtstagsalter des Kindes gleich der Anzahl der einzuladenden Kinder.

◆ Beziehen Sie Ihr Kind in die Geburtstagsvorbereitungen mit ein. Es kann z. B. die Einladungskarten selbst malen oder schreiben. Hübsch sieht es auch aus, wenn die Karten mit Bärenbildern beklebt sind oder wenn Sie fertige Karten mit Bärenmotiven nehmen. Beim Kuchenbacken oder Schmücken der Kuchentafel kann Ihr Kind auch prima mithelfen. Vielleicht hat es noch eigene hübsche Ideen, die sich verwirklichen lassen. Und nicht zuletzt beim „Unterhaltungsprogramm" während der Feier sollten Sie auf die Wünsche des Geburtstagskindes eingehen. Es weiß am besten, welche Spiele bei seinen Freunden gut ankommen, völlig out oder total in sind. Zu unserem bärenstarken Kindergeburtstag paßt zum Beispiel prima ein Schminkspiel, bei dem sich die Kinder mit Theaterschminke selbst als Bären anmalen können.

◆ Wenn die Geburtstagstafel für Ihr Kind keine Überraschung mehr ist, weil es aktiv mitgeplant hat, dann sollten Sie sich noch ein kleines Extra ausdenken, z. B. einen morgendlichen Gabentisch im Wohnzimmer oder ein Geschenke-Such-Spiel im Garten oder in der Wohnung. Denn schließlich sollte sich Ihr Kind an seinem Geburtstag im Mittelpunkt des Geschehens fühlen.

Organisationsplan

◆ **2-4 WOCHEN VORHER**
Die Gästeliste mit dem Kind besprechen und die Einladungen schreiben.

◆ **1 WOCHE VORHER**
Geburtstagsspiele überlegen und planen. Das Material für die Tischdekoration sowie die Bärenbackformen besorgen. Einkaufsliste für die Zutaten schreiben.

◆ **2 TAGE VORHER**
Zutaten für Kuchen und für Getränke sowie kleine Spielgewinne für die Geburtstagsgäste einkaufen. Ausreichend Stühle und Kindermusikkassetten organisieren.

◆ **1 TAG VORHER**
Die Schokoladenbären backen (Rezept „Schokoladenkuchen", Seite 42, Rezeptvariation). Den Aprikosen-Mandel-Kuchen (Seite 34) backen. Kuchen kühl lagern. Kuchenteller mit Zuckerglasur beschreiben.

◆ **5 STUNDEN VORHER**
Schmandkuchen (Seite 90) backen.

◆ **2 STUNDEN VORHER**
Den Tisch decken und dekorieren.

◆ **45 MINUTEN VORHER**
Die Getränke nach Wahl zubereiten. Die Kuchen auf den Tisch stellen.

BÄRIGER BEERENSAFT

Infoblock

- Arbeitszeit: ca. 15 Minuten
- Ruhezeit: ca. 30 Minuten
- Für 1 Liter (ca. 6 Gläser)
- ca. 100 kcal je Glas

Zutaten

500 g frische Beeren,
z. B. Himbeeren, Johannisbeeren,
Erdbeeren, Brombeeren
2–3 EL Zucker oder Honig
Saft von ½ Zitrone
1 Flasche kaltes Mineralwasser
oder kalter Apfelsaft (0,7 l Inhalt)
6 Plastikspießchen

1 Die Beeren verlesen, waschen und putzen. Einige hübsche Früchte für die Dekoration beiseite legen. Die anderen in eine Schüssel geben, etwas zerdrücken und mit dem Zucker oder dem Honig mischen. Das Ganze etwa 30 Minuten ruhen lassen.

2 Die Beerenmischung im Mixer oder mit dem Pürierstab fein pürieren. Dann durch ein feines Sieb streichen, mit dem Zitronensaft abschmecken und eventuell noch etwas nachsüßen.

3 Das Püree in die Gläser geben und mit kaltem Mineralwasser oder Apfelsaft auffüllen. Die beiseite gelegten Beeren auf die kleinen Spießchen stecken und über den Glasrand legen.

REZEPTVARIATION

Nach dem gleichen Rezept können Sie auch einen Karottendrink zubereiten. Dafür etwa 500 g Karotten putzen, schälen, kleinschneiden und im Mixer oder mit dem Pürierstab fein pürieren. Das Püree in 6 Gläser geben, mit Orangensaft auffüllen und nach Belieben mit Honig oder Ahornsirup süßen.

HEISSE SCHOKOLADE

Infoblock

- Arbeitszeit: ca. 15 Minuten
- Für 1 Liter (ca. 6 Tassen)
- ca. 190 kcal je Tasse

Zutaten

60 g Zartbitterschokolade
oder Schokoladenpulver
60 g Zucker
1 Prise Salz
¾ l Vollmilch
3 EL geschlagene Sahne
3 TL Schokoladenstreusel

1 ¼ l Wasser leicht erwärmen. Die Schokolade in kleine Stücke brechen, hinzufügen und darin unter Rühren bei kleiner Hitze auflösen.

2 Zucker und Salz unter die Schokoladenmischung rühren. Die Milch nach und nach hinzufügen und alles bis kurz vor den Siedepunkt erhitzen.

3 Die heiße Schokolade mit dem Schneebesen schaumig rühren, dann in eine Kanne geben und auf einem Stövchen warmhalten.

4 Zum Servieren das heiße Schokoladengetränk in die Tassen gießen. Jeweils ein Sahnehäubchen darauf setzen und dieses mit Schokostreusel bestreuen.

REZEPTVARIATION

Gut schmeckt die Schokolade auch, wenn Sie zusätzlich pro Tasse 1 TL Mandeln hinzugeben.

FRUCHTIGER MILCHSHAKE

Infoblock

- Arbeitszeit: ca. 10 Minuten
- Für 1 Liter (ca. 6 Gläser)
- ca. 180 kcal je Glas

Zutaten

800 ml gekühlte Vollmilch
6 Kugeln Erdbeereis
1 EL Zucker oder Honig
6 Erdbeerhälften zum Garnieren

1 Milch, Eis und Zucker oder Honig zusammen im Mixer gut mixen. Dann den Shake in hohe Gläser füllen.

2 Die Erdbeerhälften jeweils an den Glasrand stecken. Die Shakes zusammen mit dicken Trinkhalmen servieren.

REZEPTVARIATIONEN

- **Das Erdbeereis können Sie je nach Geschmack durch eine andere Eissorte ersetzen. Gut schmeckt der Shake z. B. auch mit Vanille-, Himbeer-, Schokoladen- und Pfirsicheis.**
- **Ersetzen Sie die Hälfte der Milch durch Naturjoghurt. So schmeckt der Shake besonders erfrischend.**
- **Sie können den Shake auch mit 300 g frischen Früchten zubereiten, z. B. mit Pfirsichen, Nektarinen und Beeren. Dafür die Früchte putzen, waschen und gegebenenfalls schälen und entsteinen. Dann das Fruchtfleisch zusammen mit 700 ml Milch im Mixer pürieren und durch ein Sieb streichen. Den Shake mit etwas Zucker und Zitronensaft abschmecken und in die Gläser füllen.**

EISGEKÜHLTER BÄRENTEE

Infoblock

- Arbeitszeit: ca. 15 Minuten
- Für 1 Liter (ca. 6 Gläser)
- ca. 40 kcal je Glas

Zutaten

3 EL Teeblätter für Früchtetee
50 g Zucker oder Honig
Saft von 1 Zitrone oder Orange
6 Papierschirmchen zum Garnieren

1 Die Teeblätter in eine Teekanne geben. 1 l Wasser aufkochen lassen und darübergießen. Den Tee etwa 5 Minuten ziehen lassen.

2 Den Tee abgießen und mit dem Zucker oder dem Honig süßen. Ihn dann abkühlen lassen.

3 Den Zitronen- oder Orangensaft mit dem gekühlten Tee verrühren. Diesen in Gläser füllen und mit den Papierschirmchen garnieren.

REZEPTVARIATIONEN

- **Statt Früchtetee können Sie für dieses Getränk auch Hagebutten- oder Malventee nehmen.**
- **Hübsch sieht es aus, wenn Sie zusätzlich noch ½ Orangen- und 1 Zitronenscheibe (von unbehandelten Früchten) an den Glasrand stecken.**

Rezeptverzeichnis

Obstkuchen

Trockene Kuchen

Internationale Kuchen

Kleine Kuchen

REZEPTVERZEICHNIS

Aus Mürbeteig

Aus Blätterteig

Aus Hefeteig

Aus Biskuitteig

Aus Strudelteig

Aus geriebenem Teig

Aus Quark-Öl-Teig

Aus Rührteig

Aus sonstigen Teigen

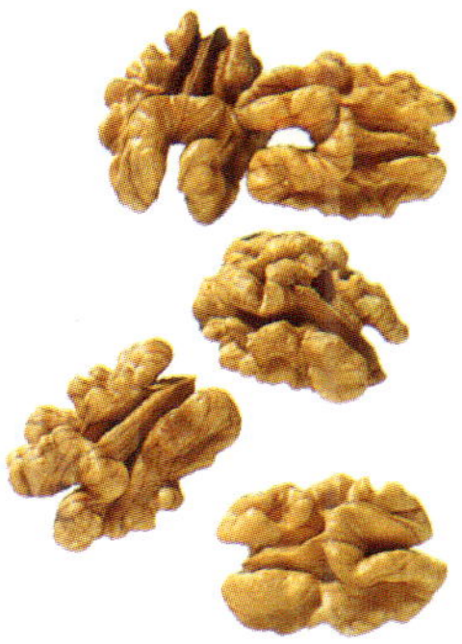

Dieses Buch gehört zu einer Kochbuchreihe, die die beliebtesten Themen aus dem Bereich Essen und Trinken aufgreift. Fragen Sie Ihren Buchhändler.

Die Deutsche Bibliothek – CIP-Einheitsaufnahme

Kuchen / Marianne Kaltenbach / F.-W. Ehlert. –
Niedernhausen/Ts. : FALKEN, 1994
(Gut essen + trinken)
ISBN 3-8068-4767-3
NE: Kaltenbach, Marianne; Ehlert, Friedrich W.

ISBN 3 8068 4767 3

Umschlaggestaltung: Peter Udo Pinzer
Layout: Petra Becker
Ideen und Texte Seite 120–123: Rose Marie Donhauser, München
Redaktion: Birgit Wenderoth
Herstellung: Wilfried Sindt
Titelbild: TLC-Foto-Studio GmbH, Velen-Ramsdorf (auf dem Foto: Exotischer Obstkuchen, Seite 38)
Fotos: Ulrich Kopp, Füssen; Seite 1: TLC-Foto-Studio GmbH, Velen-Ramsdorf; Seite 3 und 60: Brigitte Harms, Hamburg
Satz: Raasch & Partner GmbH, Neu-Isenburg
Gesamtkonzeption: Falken-Verlag GmbH, D-65527 Niedernhausen/Ts.

817 2635 4453 6271